樂律

精準表達
智慧傾聽

U0059260

全方位提升團隊
溝通效能！

陳亞明 著

PREP 溝通法 × 取得認同價值
情緒控制能力 × 團隊交流模型

團隊效率太低？那是因為溝通出了問題！

最「菁英」的有效溝通法，大幅提升職場競爭力！
提升自我認知、訓練表達能力、掌握談話技巧⋯⋯
深度解析團隊溝通的法則，打造最高效的合作模式！

目錄

自序

　　親愛的朋友，當你開啟這本書的時候，你是否有這樣一個疑問：這些年來，市場上關於團隊溝通的研究數據和公開出版的圖書已經很多了，還有再出一本書的必要嗎？大家已經研究得那麼深、那麼透了，再出版的圖書還有新意嗎？

　　是的，當我在第一次思考寫一本關於團隊溝通的書籍時，我就對自己提出了這樣一個疑問。我從事企業經營管理工作30年，曾在公家機關、外資企業、控股上市公司工作，先後擔任多個職位管理工作，目前擔任一家上市銀行分行行長多年。在日常工作中，我深切感受到團隊溝通的重要性。但在現實中，很多職場人士，特別是年輕人，對團隊溝通的本質、規則缺乏了解，同時又欠缺溝通常識及技巧，最終就會影響自身事業發展，影響人際關係和諧。

　　新年假期後上班的第一天，我就收到一條員工的訊息，內容是這樣的：今年元旦，我對自己去年的工作及生活總結是，到銀行16年，仍然是個普通員工。這些年經歷的各種求職面試，我屢戰屢敗，屢敗屢戰，上司總安慰我說機會還多。到35歲後晉升更加渺茫，連跳槽或考公務員一般都要35歲以下的，年齡擺在那裡改變不了。每天忙到「心已亡」，越忙越沒有靜心思考的時間。這麼多年，許多晚輩徒弟都當我的上司了，我的

處境十分尷尬，天時地利人和，我始終缺點什麼，但卻拚得自己腰椎間盤突出、脊髓空洞、肺結核等一身病痛，身體健康岌岌可危。家庭、孩子更是無暇顧及。今年注定是我人生關機重啟的一年。在這個說老不老，說小不小的 38 歲時，不管是回歸家庭還是發掘自身特長，我都需要時間去重新開始規劃自己的人生。經過審慎思考，我去意已決，與公司的緣分揮別於此，唯願我能早日如釋重負。

這是一條辭職訊息，這位員工大學畢業，進入銀行工作 16 年，考取了理財規劃師證照、證券分析師證照，工作認真，是一個勤勤懇懇的員工。訊息中說：「始終缺點什麼」，說明他自己很困惑，一直也沒明白。其實，以我對他的了解，他就是缺乏有效的團隊溝通能力。他個人專業能力突出，但不擅長溝通，團隊管理缺乏凝聚力，使得管理層始終對他的晉升沒有下定決心。

這一現象在職場也是非常普遍的。我利用這幾年時間，廣泛研究了眾多溝通類、心理學類、企業管理類圖書，在極大豐富自己知識框架的同時，也意識到社會上還是需要一本引導職場人士掌握職場常識、提升團隊溝通能力及溝通技巧的書籍。

本書與常見的溝通類書籍的不同之處在於：一是知識全面，本書涉及團隊溝通的各類場景，算得上職場知識大全；二是循序漸進，從團隊溝通入門——掌握基礎能力——成為溝通

高手，分級分階介紹了團隊溝通的相關知識和技能，便於讀者分階學習；三是提供了一系列團隊溝通的標準化、方法和技巧，既有理論性，更具有實踐性，希望能對大家有所幫助。

感謝國內外溝通領域相關的前輩，正是在學習、借鑑他們的理論及實踐基礎上，本人才對溝通有了窺斑見豹的了解，才有了本人事業的進步與發展，也才有可能形成今天這本書。鑑於本人學識水準有限，書中難免有不妥之處，歡迎大家批評指正。

感謝一直以來給我深切幫助的上司和良師益友。尤其是我現在公司的各級上司，自工作以來，對我關懷備至，支持有加。他們的幫助與指點，不僅促進了我的成長，更從他們個人成功的職業生涯中，讓我看到團隊溝通對職業成長的巨大作用。

最後特別感謝出版社給予的指導與幫助，正是他們的全力支持，才讓我下定決心撰寫本書，最終完成多年夙願。

推薦序一
團隊溝通 —— 年輕人職場必備的硬實力

張萌

陳亞明先生是一家上市銀行的行長，我此前就青年員工培訓成長事宜與他有過交流，也按慣例稱呼他為陳行長。我曾聽陳行長的下屬員工介紹過，說陳行長工作非常敬業，經營管理方面很有辦法，擔任分行行長不到三年就把市占率提升到當地同業第一位。日前，忽然收到陳行長發過來的本書書稿，我還是暗暗吃驚。一方面，寫書不同於日常事務，洋洋灑灑 10 萬餘字，身為一名工作較為繁忙的企業主管，並非專業作者或培訓講師，要擠出業餘時間寫出來，還要有一定文筆，確實是很不容易的事。另一方面，溝通始終是職場人士關注的永恆話題，市面上關於職場溝通的文章和書籍，幾乎是不計其數，不勝列舉，現在要在理論上寫出新意，實務上寫得貼近讀者，難度不小。

仔細讀過一遍本書，我很欣然，這本書中不僅包含一些常見的溝通理論知識點和社會上比較典型的溝通標準化，更隱含作者 30 年日常工作中的溝通實務，比如：團隊溝通的基本準則有哪些；團隊中不同級層人員之間應當如何進行溝通；不同的

內容採用哪種溝通技巧更有效果；既然大家都知道認同是提升溝通效果的基礎，那麼我們就要關注常見的認同類型，以便有針對性地採取精進措施；工作當中萬一得罪了上司，該怎麼辦？盲目內疚自責無濟於事，可以採取補救式溝通予以妥善化解。本書文筆樸實流暢，結構嚴謹，視角全面，既有理論性，針對性強，具實用性，讓大家一看就明白，尤其是職場新人，甚至可以按圖索驥，找到破解日常團隊溝通困惑的鑰匙。

　　企業的發展離不開溝通，個人的成長離不開溝通，相信閱讀過本書的讀者，都會有所受益，成為事業發展、財富成長的大贏家。

推薦序二
學職場溝通，可不只是會說話

我在學校帶學生的時候，曾經有這樣一段對話。

我線上問工作室的學生能否中午 1 點留下來，配合我帶幾個新同學過來辦個卡。

學生回答說：可以的，但盡快來哦，下午 2 點我有課。

然後是一個貼圖。

我倒不生氣，但我也意識到讓這個學生當幹部，我很難放心她和各級老師，特別是校長溝通，為什麼？

因為在她的溝通過程中，有很多她自己也沒有意識到的細節，缺乏稱呼，沒有注意身分差異，和老師說話溝通的方式和同學一樣，直截了當的，一點都不委婉。

如果她這樣說：張老師，當然可以啦，這是我應該做的。不過我下午 2 點有課，可能只能等到 1 點 45 分就得走，還請您多多包容啊。

大家是不是覺得更得體？

這樣的孩子要不要好好學一下溝通，當然要。

不然進了職場，很容易得罪人，特別是上司，自己還不知道。

當然我猜這個例子會讓很多人生氣，這孩子和你說話有什麼問題，傳訊息溝通有必要那麼嚴肅嗎？再說了，這樣說話累不累啊？現在的小孩還要學習這個嗎？

我覺得需要學，很多事情我們喜歡不喜歡是一回事，但做不做是另外一回事。一個人在職場的適應能力，不是指環境適應他，而是他適應環境。

現在很多孩子成長環境都是「家長寵，老師捧」，偏偏想去的工作單位都是強調身分差異的，如果你不去適應這樣的環境，又何苦考公務員、考研究所？我把職場分兩種，一種是強調身分平等的文化，另一種是強調身分等級的文化。

如果萬一要去這種強調身分差異、職務等級的企業工作，這樣的溝通我們怎樣學呢？當然要實踐，實踐出真知，但是在實踐之前，最好先看看書。紙上談兵得到的不是真學問，但問題是連紙上都沒有談過，直接去實踐不是給自己挖坑嗎？

寫職場溝通的書特別多，大都是針對職場或生活中溝通場景痛點娓娓道來，講故事擺道理，寫得非常有趣。

但如果你真要去等級森嚴的職場工作，我推薦大家看看陳老師的新書。

我推薦這本書的原因是它寫得特別有條理，有一種新手必讀手冊的感覺，事實上它就是陳老師在很多公司進行培訓的經驗總結。

公司裡有很多類型的主管，不同的主管你是不是得有不同的溝通方法？溝通不只是好好說話，職場裡面只要有和人相處的機會，你的一舉一動都在透露訊息給別人，你都要注意，因為這也是溝通，說話是顯性溝通，肢體語言是隱性溝通。

開會、宴飲、乘車都是不同的溝通場景，演講、報告是正式溝通，閒聊、聚餐是非正式溝通；電話、公文、郵件都是溝通媒介，面談是直接溝通，媒介是間接溝通。

過去我們談溝通，往往都是狹義的溝通，談的是人和人之間的面對面交流，而陳老師的新書是廣義的溝通，是用職場思維去面對一切需要溝通的場合，採取適合的應對策略。

陳老師的書寫得特別「正」，一本正經告訴你什麼是職場裡的溝通。比如當你要去一家企業工作時，看看陳老師的經驗之談，其實他講的根本不是溝通，而是如何適應這樣的職場。

想一想人生也是如此，做出選擇往往不難，就是沒有一條路能輕鬆，好在我們總能遇到願意指路的有心人。

推薦序三
教科書、百科書、說明書
—— 團隊溝通，看這本就夠了！

勾俊偉

5G 時代下，越來越多的人用通訊軟體等工具進行線上溝通；但與此同時，職場人的團隊溝通能力，特別是面對面的溝通能力似乎正在逐步「退化」。

每次為企業做培訓，我都會得到一系列關於團隊溝通的困惑：

「和主管吃飯好尷尬喔！我根本不知道該說什麼，只想低下頭默默地玩手機。」

「我最討厭和下屬溝通了！每次都牛頭不對馬嘴，聊完後一肚子氣。」

「在手機上，我能回覆貼圖或者表情符號，但是和同事面對面開會溝通，我卻不知道該說什麼。」

……

之所以出現以上團隊溝通的問題，有以下三個主要原因：

第一，缺乏團隊溝通整體邏輯。

團隊溝通，思維前行。如果不了解溝通的原則、意義、模型以及整體的目標，溝通就不會朝正確的方向發展。

第二，不懂團隊溝通細節技巧。

「聽過很多道理，依然過不好這一生」，這是某部電影中的一句臺詞，打動了無數觀眾。

其實團隊溝通也是如此 ── 了解整體邏輯後，你還需要懂得如何落實，特別是要了解向上溝通、平行溝通等不同場景的具體方法。

第三，也是最關鍵的，沒有實戰派的親自指導。

團隊溝通看起來門檻很低，每個過來人都可以分享自己的建議 ── 有的老員工會告訴你，團隊溝通就是拍馬屁；有的部門主管會告訴你，團隊溝通就是扯皮與推卸責任。

到底誰是對的？

你要多聽聽那些真正帶過團隊且團隊凝聚力強的實戰派的經驗，而非人云亦云。

陳亞明老師就是這樣的實戰派代表。去年 12 月，我有幸受邀為陳老師的團隊做行銷培訓。當我提問「你為什麼在這家公司」時，現場超過 90% 的人居然都談到了「團隊」！有的人喜歡團隊的溝通氛圍，有的人認同團隊的目標感。

收到陳老師的這本書稿後，我發現，這本書其實就是他的

團隊溝通經驗的提煉與濃縮。以上三個與團隊溝通相關的問題，在這本書裡都有對應的答案。

首先是邏輯思維方面，這本書像是一本團隊溝通的教科書 —— 書中的〈團隊溝通的四大原則〉、〈團隊溝通的基本準則〉、〈團隊溝通的學習模型〉等章節，都可以直接提升你的團隊溝通整體能力。

其次是細節技巧方面，這本書可以稱得上是內容詳盡的百科書 —— 不但有各類工作場景下的溝通方法，連乘車、宴請等溝通細節都進行了詳細陳述。

最後是實戰經驗方面，這本書更像是一本條理清晰的說明書 —— 當你遇到團隊溝通的問題時，翻開書中相應的章節，直接「抄答案」就好。

希望手捧這本書的你，也能做好團隊的高效溝通，並親自打造出一支會溝通、懂合作、高認同的金牌團隊！

序篇
團隊溝通有哪些基本知識

第一章　團隊溝通的概念及意義

溝通有很多種類，並且發生在不同場合。本書探討的溝通是指發生在職場中的團隊溝通。職場的團隊溝通因為其自身的特殊性，與其他溝通有很大的不同。

首先我們要明白，職場指的是：工作、任職的場所，引申為與工作相關的環境、場所、人和事，還包括與工作、職業相關的社會生活活動、人際關係等。職場中的團隊溝通是指發生在工作、任職場合中的人與人之間的溝通。

職場稱得上是人生的最大舞臺。職場活動空間大、接觸面廣，使我們有豐富的社交，以及人生價值實現的體驗，而職場的團隊溝通就是這些體驗的重要載體。從本質上說，職場中的團隊具有以下三個特點。

1. 團隊首先是一個組織。這個組織是人們為了實現一個既定的目標，運用知識、技能、資金互相結合起來的具有一定邊界的團體或集體。組織主要透過專業分工和協調合作來實現目標。

2. 團隊是關係的集合。組織內部有明確的隸屬關係，自然形成人與人之間的權利差距。領導與被領導，決策與執行是職

　　場正常的分工，組織內部存在績效考核、職級升降，自然也伴隨著內部或明或暗的各種競爭關係。

　　除明顯所見的正式關係外，組織內部也隱含著非正式關係，並在無形中發揮作用，影響著正式關係。

　　3. 團隊的本質是溝通。職場團隊關係錯綜複雜，在其分工與合作的管理過程中，反映的是職場利益的博弈。企業管理的過程，無論是組織、指揮，還是領導、控制，實際展現的都是溝通行為。

▌1.1　團隊溝通的基本概念

　　「溝通」一詞最早源自拉丁文 communicare，雖然大家對這個詞語耳熟能詳，但對其含義，也是仁者見仁、智者見智，表述不盡相同。

　　美國作者安妮・瑪麗・弗朗西斯科（Mary Anne Francisco）認為：溝通是由一個人向其他人傳遞思想和意見的過程，啟動這個過程的人稱為發送者，另一方為接收者。

　　英國專家約翰・阿代爾（John Adair）在《溝通與表達》一書中指出，「溝通」最初的意思是具體事務的給予或贈予，後來慢慢演變成無形或者抽象的傳播，包含「傳授、參與、分享」等意思。

圖1

《溝通聖經：聽說讀寫全方位溝通技巧》一書中提出溝通的四大目標：被接收（被聽到或談到）、被理解、被接受、使對方行動（改變行為或態度）。

《溝通的藝術》（*Looking Out, Looking In*）一書中，作者給溝通的定義是：有關使用訊息來生成意義的過程。

溝通的基本定義是：人們分享訊息、思想和情感的任何過程，這個不僅包含口頭語言和書面語言，也包含形體語言、個人習氣和方式、物質環境賦予訊息含義的任何東西。

從以上表述中，我們可以大致總結一下溝通的特點。

1. 溝通是訊息傳達的過程，目的在於完成雙向的交流。既然是溝通，一定是雙向的，它包含了訊息的傳遞、分享、回饋、達成等概念。所以，我們在溝通中的目的不是壓倒對方，而是合作雙贏。

2. 溝通是一個多種表現複合參與的行為。比如語言溝通，必然同步伴隨語速、聲調甚至肢體等活動。比如書面溝通，必

然隨著字跡、字型、排版、紙張、送達方式等一起呈現。這展現了溝通的複雜性。

　　3. 溝通存在資訊傳遞過程中的偏差。很多人都曾看過這樣一個遊戲節目：幾個人站成一排，兩兩相隔一些距離，甲向乙說一段話，乙再把這段話透過手語傳給丙，依次類推。最後，主持人讓末尾的人說出傳達的內容，但往往與甲的話有天壤之別。這個遊戲說明了一個常見的現象，就是資訊在溝通傳遞中存在偏差。

　　影響溝通效果的原因是訊息發送者和資訊接收者在性別、文化、經歷、職業、社會因素等眾多方面的異同，對同一詞義、同一動作產生不同含義的理解。可以這麼說，資訊在溝通傳播過程中，必然會出現偏差現象。

■ 1.2　團隊溝通的重要意義

　　從大的方面來講，溝通是人類社會生存與發展的基礎，作為社會人的我們，每個成員都有團隊溝通交流的需求，良好的溝通能增進人的生理和心理健康，透過溝通在社會座標中找準位置，滿足社會需求，促進社會穩定與發展。

　　從職場角度來說，團隊溝通也非常重要。因為職場存在錯綜複雜的利益關係，加上個體行為的差異性，要想在各種矛盾

中找到平衡、在關係處理上如魚得水，需要高超的溝通能力。

　　松下幸之助有句名言：「企業管理過去是溝通，現在是溝通，未來還是溝通。」團隊溝通能力強不強，是影響職場人事業發展、個人心理健康的重要因素。

1.2.1 團隊溝通助力事業成功

　　溝通能力是一個人價值觀念、思維層次、認知程度、知識底蘊的綜合展現。團隊溝通能力在相當程度上甚至決定了當事人職業生涯的發展性。無論是職場新人，還是在職場打拚多年的老手，只有意識到團隊溝通的重要性，只有不斷學習提升團隊溝通能力，才能發揮團隊合力，達到個人和團隊的成功，馳騁職場。

1. 團隊溝通能力是職場人士最基本、最重要的工作技能

　　從職場角度而言，事業的發展不能單靠一個人的力量，需要團隊的努力。任何一個人的知識技能都必須在他人的協助合作下才能發揮出來，而要實現合作，首先就需要團隊溝通。

　　根據相關機構的調查，僱主們心中理想的應徵者所需具備的技巧和能力中，團隊的溝通能力一直排在前列。而在對應徵者拒絕錄用的主要原因調查活動中，「不懂團隊溝通」或「團隊溝通技巧很差」，也是高居榜單前列。

　　據部分企業管理者對企業人才流出現象進行的研究分析，

員工跳槽的主要原因包括以下幾點：人際關係不佳；工作壓力太大；難以適應新主管；外界有更好發展。從中可以看出，影響員工流失的主要原因也是團隊溝通問題。

時代在變化，人們對職場工作能力的標準和要求也在不斷變化，但「團隊溝通能力」一直屬於最核心的能力之一。更有人將「學習能力、創新能力、團隊溝通」並列稱為未來社會中獲得成功的三大能力，由此可見團隊溝通的重要性。

2. 良好的團隊溝通能力讓你更易得到擁護和賞識

優秀的團隊溝通能力會幫助你營造良好的人際關係，讓你平時能獲得別人的擁護，關鍵時候更能得到上司的賞識。

案例：

某公司上半年提拔了小君等 3 名中層主管，按慣例，年末展開年度選人用人評核，由全體中層以上主管對新提拔的主管進行滿意度評量。小君的得票情況是：滿意 20 人，一般滿意 18 人，不太滿意 20 人，不滿 10 人。參與評量的 5 位公司主管卻一致給小君打了滿意的選項。

測評結果公布後，大家對小君的提拔議論紛紛。難道公司主管真的是任人唯親？

了解小君背景的人都知道，他跟公司主管非親非故，他只是人比較機靈，經常找公司主管請教問題，彙報工作。部門提拔任用主管一般都是依據主管管理條例公開透明進行的，主

管判斷一個下屬的表現，依據是主管自己掌握了解的消息。小君經常主動找主管溝通交流，主管自然熟悉他的學識能力、績效，優先提拔任用小君也是很自然的事。

從以上例子，我們可以看出，良好的團隊溝通能力往往決定了你順暢的升遷之路。相反，不善於溝通的人常常被別人誤解，給別人留下不良的印象，並導致自身停滯不前。

3. 優秀的管理者尤其需要有效的團隊溝通能力

對於管理者來說，團隊溝通無時不在。對下屬，他們需要把工作要求、目標傳遞給大家，也要及時聽取大家的意見，掌握動態，隨時完善工作措施。對上司，他們需要經常及時向高層彙報、提供決策、尋求幫助。對平級，他們更是需要協調、說服，以獲得支持和配合。

一個優秀的管理者能否在職業發展中獲得成功，70％以上靠的是良好的團隊溝通能力。

在現實生活中，位居高位者，往往都是團隊溝通高手。馬雲的演講、任正非的訪談一向被大家津津樂道，這主要就展現了他們卓越的職場團隊溝通能力。

1.2.2 團隊溝通影響個人心理健康

根據馬斯洛的需求層次理論，人作為一個群居高級動物，有生存的生活需求，也有安全需求，往上就是社交需求和自尊

需求，最高級的是自我實現需求。成為最優秀的人，實現自我價值，都必須透過溝通這個管道來完成。

團隊溝通是職場人尋找認同需求和社交需求的有效手段。有的人在職場很壓抑，其根本原因並不是工作任務重，力不從心，更多的是個人得不到理解與支持，甚至被上司和同事無形中隔離開。比如七八個人在一個辦公室辦公，大家有說有笑地交流，可當你一從外面回到辦公室，大家立即閉口不言，氣氛突然冷卻下來，你會非常難受。沒有團隊溝通的環境，人際關係不融洽，會大大影響身心健康。

這些年，部門團建活動比較盛行，部門肯花錢、花時間來組織這些看似與生產經營管理不相干的活動，並不是部門主管做傻事，主要是鼓勵員工能隨心交談、和諧相處，逐步消除團隊溝通壁壘，提高工作效率和職工心理舒適度、幸福感。

1.3　團隊溝通的四大原則

彼得‧杜拉克（Peter Drucker）被商業週刊稱為「當代不朽的管理思想大師」。他提出了企業中溝通的四項基本原則：

1. 溝通是理解

在溝通時，無論採用何種媒介，第一個必須回答的問題是：「這個溝通在接收者的理解範圍之內嗎？他能理解它嗎？」只有

那些被理解的東西才能被溝通。

理解就意味著尊重對方。沒有尊重就沒有有效溝通。被尊重是一個人最基本的心理需求。相互尊重，就是要尊重對方的想法、意見和人格，尊重他人的能力。

理解也意味著換位思考。凡是溝通，不可避免會出現訊息偏差，而換位思考是避免訊息偏差的有效途徑。職場中的很多爭議，其實源於各執一端，換位思考，推己及人，站在對方的角度多考慮一下，爭執就會消失瀰散。

2. 溝通是期望

在團隊溝通中，我們必須了解對方的期望是什麼。因為人們往往喜歡聽他們想聽的話，他們排斥不熟悉和威脅性的語言。只有理解聽眾的興趣和期望，才有可能使他們從新的角度來看待某個問題。

美國著名商業領袖歐文・揚（Owen D. Young）說：「能設身處地地為他人著想，了解別人心裡想些什麼的人，永遠不用擔心未來。」

要想獲得良好的團隊溝通效果，就不能只顧個人利益，應該本著「利他才能利己」的思想，本著互惠雙贏的原則，做到有來有往，滿足對方的期望，對別人給予關照與幫助。

序篇　團隊溝通有哪些基本知識

3. 溝通創造要求

　　溝通總是要求接收者成為某種人、做某些事、相信某些話。換句話說，溝通通常請求接收者付出注意、理解、洞察、支持、訊息或金錢。因此，在任何溝通前，必須問自己，我為什麼要在這上面花費時間？是什麼鼓勵其他人把他們最寶貴的時間留給我，他們在結束時會相信物有所值嗎？

　　因此，溝通必須符合接收者的渴望、價值與目的，否則溝通就不會被接受，或者最壞的情況是受到抗拒。

4. 溝通傳遞有價值的訊息

　　訊息是中性的，它不涉及諸如情感、價值、期望與認知等成分，訊息可以按邏輯關係排列，技術上也可以儲存和複製。

　　而溝通是在人與人之間進行的，溝通的背後都隱藏著目的。溝通過程由於溝通者和接收者認知和意圖不同顯得多姿多彩，因此，溝通就是賦予訊息以價值。

　　這也意味著溝通有彈性，既需要我們照章行事，又不能墨守成規；既需要我們靈活處理，又不能一味玩弄權術。

■ 1.4　團隊溝通的基本準則

　　基於以上四條基本原則，再結合團隊實踐，我們可以進一步細化出一些團隊溝通的基本行為準則，供大家參考。

1. 站對主場利益。王健林管理萬達集團員工的規則，第一條就是公司利益高於一切。要有職業人最基本的道德，忠於職守，不能背叛國家和單位利益，不能吃裡爬外、損公肥私。

2. 不要輕易得罪上司。一間公司要正常有序執行，必然會有管理層級。個人服從集體，下級服從上級是剛性原則，尤其是對主管要尊敬與服從。一方面，主管也是從基層一層一層升上去的，視野、能力與資歷值得我們欽佩；另一方面，主管掌握了政策、人事評定與任免、資金、訊息等大量資源，我們要主動利用這些資源，不能自命清高，排斥主管，不到萬不得已，更不能脅迫主管，阻礙了主管權力的暢通與權威，最終必然會受到權力的打壓和懲罰。

3. 職場中沒有絕對公平。很多公司，一到提拔主管或分配獎金，員工都會有意見。很多人心裡不服氣，為什麼不提拔我？為什麼他拿的比我多？實際上，不要說一間公司，全世界也沒有絕對公平，或者說人人滿意的公平。絕對公平的標準，每個人都不一樣，所以很難絕對公平。此外，上司的決策包括主管任免，都是從公司發展大局角度考慮的，站在某個具體職位上的員工，可能無法全面理解，容易因此產生偏心的誤判。

4. 不是所有事情都可以公開。有些事情只能想，不能說。有些事情，只能做，不能說。如果一旦公開說出來，可能會產生另外的麻煩。比如，在公司年度工作會議上，你作為優秀員工受到

表彰，登臺領獎，讓你發表獲獎感言，如果你說自己的努力沒有白費，優秀員工是自己應得的榮譽。這也許真的是你的心理話，但說出來之後，部門主管可能不高興：難道對你的指導、幫助沒有意義？身邊的同事可能不開心：平時的配合與支持就不值得一提了？所以，易觸犯他人、讓人感覺不好的事情最好不要公開表達。

5. 個人自由服從團隊制度。職場不同於家庭，沒有父母寵著你，沒有親人順著你，一切必須按公司規章制度、管理規定和操作規程來執行。每個人、每個職位都是有邊界的，即使是一些諸如「遲到早退、遇事請示彙報、開會關手機或調靜音」的小事，也必須嚴肅認真落實到位。職場尤其更不存在用人情替代工作原則，最忌諱的是自以為是和越級。「不缺位、不錯位、不越位」是職場人的基本要求。

6. 能力再強也要有團隊意識。有人說：「沒有完美的個人，只有完美的團隊。」在職場中，每個人的能量都是有限的。也有人說：「人強不是強、團隊強才是強。」無論是管理行政型還是生產經營型公司，也無論公司規模多大，都是一個複雜的系統。身在職場，無論能力多強，都不能有單打獨鬥的個人英雄主義想法，更不能我行我素。要有「一個好漢三個幫」的理念，按職位職責及上司安排，做好本職、及時補位。

7. 崇尚寡言實幹。「沉默是金」，「獨居守心，群居守口」，說的是不要成天嘮嘮叨叨，話多了，人也就透明了。不該說的

話，說出去以後把柄就在別人手裡。即使你為公司做了貢獻，也不要整天掛在嘴上，「成績不講跑不掉」，主管眼睛是雪亮的。適當的沉默，才能顯示你的成熟與穩重。此外，更不能整天八卦，搬弄是非，尤其是涉及上司的議論，一定要避而遠之。

8. 實力強大是基礎。一個人在職場中風生水起，要具備天時、地利、人和才行。但能力和本領是強勢貨幣，無論在什麼職位，無論是否受到重用，專業水準、管理能力提升都必須下苦功夫，切勿迷信所謂的「關係」。再說了，即使一時懷才不遇，後面還有機會，或者可以跳槽。如果不求上進混吃等死，破罐子破摔，最終吃虧的肯定是自己。

9. 棘手事彈性處理。在團隊中，雖然制度標準、職位職責比較清晰，但在執行過程中還是有很大彈性。特別是對一些較難處理的事情，更需要動用技巧，才能得到人人滿意的結果。當然這裡指的彈性處理不是指私下的權錢交易、關係經營，而是指個人感情對工作推進的正面影響，可以在遵循規則的基礎上，巧用私人關係、私人感情去推動對方。

10. 接受批評才能進步。每個人從出生之日起，就是在別人的批評教育與幫助下成長起來的。在職場，被上司批評不要緊，上司批評你，很多時候真的不是刁難你、看你不順眼，而是指點你怎樣做工作，甚至是有意栽培你。職場新人尤其要意識到這一點。

11. 職場當中無閒事。在日常工作當中，無論公司還是個人，無論我們的上司還是同事，一言一行都有一定含義。一些看起來的無聊之舉、廢話也是一種意思的表達。比如，部門負責人忽然隨口跟你說一句「小張今天蠻早來的」，你不要以為是在表揚同事小張，很有可能是在批評你遲到。我們日常要用心收集，慢慢參悟，才能從一些看似無意的言行中抓住要害。

12. 凡事及時回覆。有人總結出團隊成員辦事可靠的三個判斷標準：一是凡事有交代；二是件件有著落；三是事事有回音。及時回覆，不僅是團隊溝通中的一個環節，更是一個人作風與責任的展現。

13. 客套話別太當真。受中華傳統文化影響，客套話成為人際交往的潤滑劑，也是職場團隊成員之間相處的點綴。同事之間的交往要真誠，但有時候也不能太當真，比如：「過幾天我請你好好聚聚，喝兩杯」；「你有什麼事儘管找我，千萬別見外」……這些客套話大可以一笑而過。

14. 私下溝通比公開爭執效果好。團隊中人與人的交往雖然是公開的職務（職位）間行為，但具體到每項工作，也伴隨著人與人之間的關係變化。工作推進中出了問題，是大家都會遇到的事。最好不要動不動就去找上司彙報，或者在辦公室、會議上爭執，讓分歧與矛盾公開化、擴大化。應該先去找對口的人進行私下溝通。如果私下溝通無效，再公開反映。

15. 有分寸地拒絕。相互幫助是團隊成員相處過程中經常會出現的事項。助人為樂也是中華民族傳統美德。但對別人甚至上司提出的要求也不能一味、毫無原則地答應。有的人提出的要求也超越了你的工作職責、能力甚至時間精力範圍。答應卻做不到，還不如事先有分寸地拒絕。

16. 利益是迴避不了的。司馬遷說：「天下熙熙皆為利來，天下攘攘皆為利往。」利益是社會發展、人與人交往的重要關切點。在職場中，上司也好，同事也罷，支持你也好，排斥你也罷，或多或少都涉及利益。當然，這裡所講的利益，不單指金錢財物，也包括職務、榮譽、影響力、便利等方面。大家常說的「不要輕易動別人的乳酪」，不要打翻別人飯碗，不擋人家財路等，也談的是利益。在利他過程中，成就自己，共同把蛋糕做大，才是可取之處。

17. 鑽漏洞不是捷徑。每個團隊都有規章制度，都有辦事規程，但日常工作中這些書面條目的東西很難窮盡一切。很多也只能做原則性規定。一些所謂的聰明人往往自作聰明，鑽規則漏洞。比如，報銷發票中混入一些個人消費收據；利用網際網路直接下載抄襲別人的文章。鑽漏洞看起來是捷徑，實際是作繭自縛。

18. 提議之前先三思。實際工作的團隊中都同樣會存在這樣或那樣的問題，有些矛盾已積壓多年，其中讓人感到奇怪的是大家都熟視無睹。在你看到一些問題想要提出來之前，請多考

慮三點：一是有沒有初步解決方案；二是有沒有精力；三是願不願意去得罪人，務必考慮成熟後再做決定。當然，要確保你職責範圍的事，必須義不容辭地解決。

19. 常懷感恩之心。團隊中每個人的成長，都離不開上司的栽培、同事的抬愛、下屬的支持、客戶的交心。只有常懷感恩之心，我們的溝通才是真誠的，才是有效的。尤其要感恩職場上願意培養你、幫助你、提拔你的上司；感恩願意跟你一起打拚、帶你走出情緒谷底、助你登高出頭的同事和下屬；感恩願意信任你、與你合作的客戶。職場當中也不乏一些勢利人，看誰對他有用，能幫到他，就千方百計獻媚討好，一旦得逞，眼睛更是向上，盯著更高層主管舊戲重演。所謂日久見人心，時間一長大家便一清二楚，這樣的人自然也很難更進一步。

■ 1.5　團隊溝通的學習模型

知道了團隊溝通的基本原則及行為準則，那麼，我們如何提升自己的團隊溝通技能呢？

首先，我們得承認，良好的溝通能力與溝通者個人先天性相關因素有關。人類行為的研究者認為，生物因素對人的影響是肯定的，特定的人格特質有利於這類人學習、運用一些獨到的能力技巧。就像我們平時所看見的，有些人教育程度不高，

甚至沒上過大學，但特別會為人處世，與上司、同事相處得非常好。有時候他在公開職位只是一個普通辦事員，但無形中卻是領導者，在團隊中有較強的號召力。

其次，我們必須知道，團隊的溝通能力是可以透過後天努力學習而完善與提升的。

案例：

雅典卓越的政治家、演講家狄摩西尼（Demosthenes），年輕時口吃，說話氣短，愛聳肩。在初學演講時，他曾被人轟下臺，但他毫不氣餒，為了練習發音，他嘴含石子，在海邊練習朗誦，為了克服氣短，他一邊攀登陡坡，一邊吟詩，終於成為著名的演講家、雄辯家。邱吉爾曾經也有類似情況，在下議院的一次演講過程中，只講了一半就被轟下臺了，但經過他自己的不懈努力，最終成了舉世聞名的演說家、政治家。

在我們身邊，也有許多人透過學習溝通理論，勤於在工作生活中實踐，使得溝通能力有了大幅度提升，也把自己的職業生涯推向一個又一個新高度。如何快速學習，達到提升團隊溝通能力的效果，在此送給大家三步法學習模型。

1. 第一步：職場知識儲備。全方位了解公司的組織文化、溝通對象、行為特徵及常見禮儀。這是團隊溝通入門的前提。

2. 第二步：基礎能力提升。團隊溝通離不開起碼的聽、說、讀、問、寫等基本技能，離不開基本的情緒控制和自我認知能

力。只有學好了這些基礎技能，我們才有進階的資本。

3. 第三步：高手實戰演練。要成為高手，必須練就一兩招「絕技」。只有平時留心觀察成功人士的溝通之道，及時向高人請教，在前人總結的基礎上實踐溝通的標準化、技巧，才能真正提升溝通實戰能力。

當然，團隊溝通是一個需要不斷學習、與時俱進的過程。隨著社會進步、經濟發展，溝通環境、溝通媒介、溝通對象都在發生變化，我們的團隊溝通技能也不能墨守成規，不管是職場新人，還是各級主管、職場菁英，都需要持續學習，更新迭代。

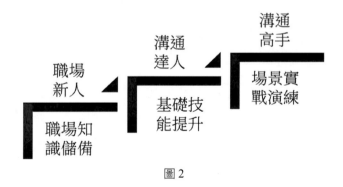

圖 2

新手篇
不可不知的團隊溝通常識有哪些

· ·

　　對於新入職的員工來說，了解必備的職場知識是必需的，這可以幫助你避開「職場菜鳥」們易踩的坑。即使對於工作了很多年的人來說，如果本人不擅長觀察、總結和學習，也未見得對這些常識性的知識有所體察。所以，本篇廣泛收集了團隊溝通的各方面，包括溝通環境、溝通對象、溝通場景、溝通媒介、溝通方式等，幫助大家建立一個初步的知識庫。當然，團隊溝通的內涵非常豐富，知識點特別多，組合變幻莫測，很難涉及全面，本篇只是拋磚引玉，做一些指引。

第二章　團隊溝通環境

　　溝通的前提是了解你所在團隊的環境。包括組織性質、團隊文化氛圍等。不同團隊擁有不同的團隊屬性和文化屬性。比如，華為公司強調「狼性文化」；阿里有「武俠文化」，每個人都有花名，同級或上下級互相之間直呼花名等。如果你不了解自己團隊的基本屬性，自然也無法有效地進行溝通。

　　我們可以採取中醫的「望聞問切」法來把脈一個團隊的基本環境。

2.1　望：觀察團隊環境

　　一看組織架構。從部門網站、通訊錄等各種途徑可以看出公司的組織架構。如觀察企業是官僚制，還是家族制、小企業制，抑或是三資企業？這決定了你的溝通方式。

　　二看團隊群體。主要了解團隊負責人的能力、性格和職業態度。了解團隊中人與人的相處，有沒有民主氛圍。

　　三看基本制度。熟悉企業規章制度以及團隊中不成文的習

慣做事方法。

充分、客觀判斷一個企業的組織文化需要有一定的眼力，重點注意以下四點。

一是不要先入為主，不要帶感情色彩，不要帶著別人給出的結論去觀察、印證。因為如果先有了結論，往往情不自禁去找能論證觀點的素材，就不能全面客觀看待事情。

二是不要急於評論，觀察是為了全面摸清情況，並不是為了評論其對錯、先進與落後。

三是規章制度與客觀事實是否相符，例如公司發表了出勤管理制度嚴禁遲到早退，可以有意觀察員工上下班情況，來了解制度的執行情況。

四是相互印證，公司的整治情況與餐廳、洗手間的衛生、秩序等實際情況的比較，公開選拔的主管與其近年來業績完成情況、執行力的表現等。

案例：

小張是某大學的高材生。他通過公務員考試，進入某公家機關工作。結果上班第一週，他就感受到了部門裡與學校完全不同的氛圍。

到部門報到以後，科長帶他到一個位置，說：「你先熟悉熟悉這裡的情況吧！」然後就出去忙別的了。小張一頭霧水：這樣既不交代工作內容，也不提供資料檔案，怎麼熟悉情況呢？小

張感到不知如何是好，那個難受的感覺真是無法形容。

慢慢地，小張發現所有的人做事都是有分工的，不慌不忙的，即使再緊急的事情也不會引起多大的動靜。又如，這裡的人非常重視等級，等級不一樣，就連說話的方式和做事的風格都不一樣。還有，工作中流程特別重要。為了按流程辦事，同事們有時候會浪費很多時間和精力，但他們還是很謹慎。

小張保持虛心謹慎的態度，注意觀察周圍的人和事，對誰都不抱有偏見，努力讓自己盡快融入團體。他漸漸發現，這些在他開始不能理解的東西，都有它不得不如此的理由：科裡大家以忙工作為主，整體工作秩序順暢，而且越是出現突發事件越不能慌張；重視等級既可以維持良好的人際關係，也能使責任和權力更清晰；講究流程不但是依法行政的要求，還使一切事務都有章可循，避免了賴皮和推諉。明白這些後，小張很快就融入了新團隊，得心應手地工作起來。

■ 2.2　聞：傾聽團隊聲音

如何聽，要注意以下幾點。

一是聽團隊各級主管的講話，尤其是正式會議的發言報告。這不僅能展現主管的個人風格，更主要的是能了解到團隊執行邏輯和工作導向，便於理解高層精神。

二是聽民意。同事之間的聚餐，是體驗本團隊「圈內規則和

氣氛」的有效途徑，在放鬆的場合也能聽到大家的心理話，能了解到真實情況。

　　三是聽出「潛臺詞」。大家在平時溝通交流中，因為都是同事，有很多訊息不可能說得很直白，所以不僅要聽大家口頭說的訊息意思，更要結合當場溝通情景、參與人員、說話者非語言溝通表現等情況來綜合判斷，不僅要關注對方說什麼，更要留意對方沒說什麼，甚至隱瞞什麼，才能聽出真實訊息。

　　四是兼聽則明。俗話說「仁者見仁，智者見智」，對待同一事物會出現不同的聲音，這是正常的。特別是面對一些複雜局面，只有多聽，才能形成自己的判斷，才不會中別人的圈套，被人利用。

■ 2.3　問：詢問團隊風格

　　主要是詢問，向上司、前輩、同事在適當機會諮詢了解。當然這裡講的詢問不是漫無目的的信口詢問，應該是有準備的詢問。

　　一問團隊目標。有共同夢想或願景是一個團隊健康發展的必備條件，共同的願景便於吸引共同志向的團隊成員。

　　二問團隊的用人邏輯和用人導向，是業績為主，還是資歷為重；是上級用人規定，還是以關係為主。

　　三問主管的個性特徵，一個團隊的文化，相當程度上就是

主要負責人的理念。要了解單位組織文化，首先要問的就是主要負責人的一些個性化特質。

問得有水準才能聽到真實全面的資訊，但是問的時候要注意以下三點。

一是注意場合。要選擇適合的場景，對方有時間來接待和介紹，沒有阻礙他敞開心扉的人在場，溝通的空間有利於他放鬆心情，這樣才能引匯出有用的訊息。

二是問得有技巧。要根據不同溝通對象的個性特徵，靈活採用不同方式溝通，有的直奔主題，有的循序漸進，有的假裝漫不經心隨意問問，有的是以同理心來贏得好感。

三是避免挑起矛盾。職場中大家抬頭不見低頭見，經常有分工有合作，溝通交流過程中注意不要挑起其他人之間的矛盾，也不要熱議八卦，不要打聽和傳播小道消息。

2.4　切：把脈團隊氛圍

切就要切中要害，觀察團隊氛圍，最重要的是觀察三點。

一是關注選人用人機制。選人用人是一個團隊文化與風氣的集中展現，關注這幾年團隊新提拔晉升人員的經歷、能力、業績以及提拔的原因。是有上司的裙帶關係、溜鬚拍馬的人提拔了，還是年輕能幹的骨幹提拔了，抑或是靠「急難險重」活動

中的表現提拔了？這些都要做到瞭然於心。

　　二是關注績效發放的依據。單位是否有標準化的績效考核辦法，獎金分配中是否有上司個人印象分，是靠偷聽消息還是績效考核拉開差距，公司規章制度是否有效執行，獎勵機制是否全部靠獎金，有沒有精神方面的鼓勵與引導，公司授權是否得到有效落實，是制度管人還是人管制度，是否重人情輕法治？這些都是要重點關注的因素。

　　三是關注價值觀的共識程度。公司的價值觀、發展願景是否深入人心？除領導層之外，中低層人員是否了解公司價值觀和願景？自己是怎樣為這個而努力的？公司是否有企業核心價值觀？

　　當然，在現代企業中，我們並不提倡一味圍繞上司的喜好來經營自己，但至少可以做到不為之所累。

● 第三章　團隊溝通對象

　　熟知溝通對象是我們獲得良好溝通效果的最關鍵因素。溝通從本質上說是和人打交道，因此，在團隊溝通中，了解溝通對象的職場排序、性格特徵、行為特徵，往往能讓我們在溝通中搶占先機。

■ 3.1　職場排序

　　在職場體系中，排序是非常重要的，如果對此不了解，極有可能造成工作上的被動。

　　同一等級、同一職務，以任同一等級時間的先後為序；同一等級、同一職務，並同一時間任職的，以到本部門工作的先後為序；同一等級、同一職務、同一任職時間，並同時到同一部門工作的，以姓氏筆畫為序。

　　因工作需要組織上明確的排名次序，以組織上發文或宣布的次序為準。體制內公司，組織上發文任職的時候，一般會註明列某某人之前，如果未註明的，就是排在最後。

　　主管同一機構、同一職級任職時間的，如兩位處長一位任職 10 年，一位 5 年，以年限長的為尊，排在前列。

　　同一等級、同一年資的若干主管則按主管的年齡大小，以年資資歷來排序。

■ 3.2　對方稱呼

　　職場中的稱呼是一件非常有講究的事。從心理學上講，每個人都對他人如何稱呼自己非常在意，在體制內，職場中的稱呼都有明確具體規定。

　　對上司或前輩稱呼名詞主要有 ×× 長、×× 主任、×× 總經理、×× 經理、老闆等。如果對方是副主管，一般口頭語稱呼中去掉「副」字，除非在非常正式的場合。而傅姓主管，尤其是擔任正職的，人們往往用姓名＋職務直接稱呼，比如傅琳玲主任，口頭一般稱她為傅琳玲主任或琳玲主任，不稱她為傅主任，以免別人聽成副主任。主管間的稱呼也很有講究，比如張建華局長和陳海軍局長，可以互稱張局長、陳局長，但是稱呼為建華局長、海軍局長顯得更親近。

　　對平級的稱呼，有職務的，一般稱呼姓名或姓或名＋職務，沒有職務的，稱陳師傅、老師。有的人喜歡稱呼其職務，有的喜歡稱呼職稱，比如教授。有的直呼姓名，顯得親切，普通同

事間可以稱呼姓名，也可以姓＋職位稱呼，如李護理師、張老師等。

對下的稱呼，有職務的，稱呼姓名或姓或名＋職務，也可直接稱呼姓名或小＋姓。無職務的，稱呼姓名或小＋姓，比如小陳。

在職場當中，也有部分人把根深柢固的親族文化帶進來，人與人之間也有大哥、大姐的稱呼，這些只能見機使用。

■ 3.3　個性特徵

春秋時期的縱橫家鬼谷子先生指出：「與智者言依於博，與博者言依於辯，與辯者言依於要，與貴者言依於勢，與富者言依於豪，與貧者言依於利，與卑者言依于謙，與勇者言依於敢，與愚者言依於銳。」這段話的意思是說：和聰明的人說話，須憑見聞廣博；與見聞廣博的人說話，須憑辨析能力；與地位高的人說話，態度要軒昂；與有錢的人說話，言辭要豪爽；與窮人說話，要動之以利；與地位低的人說話，要謙遜有禮；與勇敢的人說話不要怯懦；與愚笨的人說話可以鋒芒畢露。

人的性格測試分析由來已久，形成了眾多學說，本書介紹一下美國的馬斯頓（William Moulton Marston）的 DISC 性格分析法。

　　DISC 根據兩組最基本的維度：關注人、關注事；行動快、行動慢，將人分為四種類型。即 D 型、I 型、S 型、C 型。

- D 是支配 Dominance，代表直接、獨斷、控制，是團隊中的「指揮者」角色。
- I 是影響 Influence，代表外向、友好、爽朗，是一個「社交者」角色。
- S 是穩健 Steadiness，表示穩定、謹慎、忠誠、耐心，是一個「支持者」角色。
- C 是服從 Compliance，意味著組織、細節、事實、準確，是一個「思考者」角色。

　　具體如下圖所示：

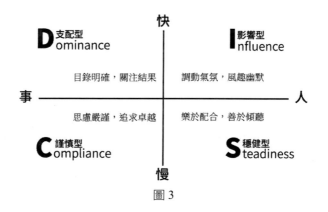

圖 3

　　值得注意的是，我們每個人都有這四種成分，唯一的差別是其所占比例不一。據此，我們通常把人分成 Dominance 支配

型（指揮者）、Influence 影響型（社交者）、Steadiness 穩健型（支持者）、Compliance 謹慎型（思考者），這四種類型各自特徵比較明顯，也各有利弊。判斷溝通對象屬於哪種性格特徵，有助於我們針對性地提高溝通效能。

DISC 四類人溝通基本準則

DISC 類型	溝通要點
D 型人	1. 不要對他造成壓迫感；2. 彙報要點；3. 預防他過快做決策；4. 工作上的事情隨時找他；5. 婉轉地提醒錯誤。
I 型人	1. 熱情地回應；2. 多用幽默而獨特的詞彙；3. 用副詞修飾強烈的情感；4. 強調你的感受；5. 堅持。
S 型人	1. 多一兩句溫暖的話語；2. 多一些關懷與包容。
C 型人	1. 與他保持距離；2. 用數字說話；3. 讓他說話；4. 善用比較之法。

3.4 行為分析

人的行為是有含義的，即便是下意識行為，也是一些潛意識的不經意表露，人的行為也是非常複雜的，本節從各類公開數據中整理出常見的一些行為舉止的分析，供大家參考。

1. 外貌特徵

人們常說人不可貌相，實際上隨著心理學研究的深入與細化，人已經處於可以直觀貌相來分析人物的狀態。當然，這種

直觀貌相也並不是百分之百準確的，它與這個人所處的環境、曾經的閱歷、是否經過專業訓練等多種因素相關，但從大數據法則看，也能基本說明問題。

身邊身材較胖的人，讓人感到謙和，有人情味，社交方面較為活潑，開朗樂觀，和這樣的人溝通就比較輕鬆。

把髮型弄得非常奇怪的人，大多個性特別，喜歡表現自己，他們的所作所為大多數是為了引起周圍人的注意，具有我行我素的性格特徵，由於他們有好勝心，面對爭辯則不容易冷靜，也不太會變通，與其溝通則要注意方式方法。

牙齒也可以展示一個人的性格特徵，一般而言，小牙齒的人邏輯思維能力強，做事嚴謹、性格溫和、冷靜，但過於敏感，容易糾結於細節方面。

一個人的眼神，也是他性格特徵和內心狀態的反映，眼神沉靜，說明他對當前的情況胸有成竹。眼神散亂，說明其內心慌張，對難題毫無辦法。眼神堅毅，表示成竹在胸。眼神陰沉，說明這人比較凶狠，感情冷漠。眼球轉動頻繁，說明這人內心複雜，詭計多端。眼神游移不定，說明其這時已失去耐心。

有心理學家指出，微表情的傳達幾乎不受大腦主觀意識的控制，因此傳達出的訊息比較真實，很多時候比語言更能反映出真相。在溝通過程中我們必須高度關注微表情。但也要明白，人的表情非常豐富和細膩，每個地區、每個人的表情在不

同場景下含義其實也不完全相同，需要我們結合實際靈活運用。

2. 衣著配飾

衣著是一個人性格、職業、社會地位等因素的綜合展現。職場中，常見的著裝主要有以下幾種：工作服、正裝、休閒裝、上等品牌服裝。

醫院、銀行、電力、石油等工作地點都有自己專門的工作服裝。工作地點要求統一著裝，這種衣著是難以展現個人個性特徵的。有些人是透過配飾來展現個人性格，比如男士領帶、女士胸飾、絲巾等。

日常習慣著正裝的人，給人的感覺是嚴謹和有責任感；休閒裝則顯得自由、放鬆；上等品牌裝，尤其是女士的品牌服裝，高雅、大氣，當然也是自身財富與修養的展示。

根據對方的衣飾，我們不僅可以判斷對方的個性特點、經濟水準，也可以作為寒暄的話題。

3. 言談舉止

人們的言行舉止往往能集中反映一個人的性格特徵，下面擇取職場中最常見的幾種場景予以闡釋。

（1）駕駛行為

隨著社會經濟的發展，汽車已成為人們主要的交通工具。汽車也被視為一個人肢體的延伸，開車的方式就演變成其肢體

語言的一種。一個人在方向盤上的舉動，能反映出他的性格與心情。所以，我們能夠透過一個人習慣的開車方式來了解這個人的情緒和性格。具體見下表：

駕駛行為特點及性格分析

行為特點	性格分析
嚴格遵守交通規則，紅燈停，綠燈行，按正常速度行駛	做事比較穩妥，為人誠實可信，比較中庸，缺乏冒險精神。
喜歡超速行駛，不能容忍別人超越自己	主觀意識強烈，有較強的冒險精神，不會受制於任何人，積極主動。
開車速度比正常速度低很多	謹小慎微，性格懦弱，沒有安全感，缺乏自信。在渴望成功的同時又懼怕擔當責任。
在遇到塞車或紅燈時，會連續按喇叭	外向型性格，脾氣暴躁、易怒，遇到不如意的事情就會情緒失控；做事效率不高，缺乏自信心。
開車上路，不會視情況隨意換檔	具有一定的責任心，善於把事情都安排好，工作主動性較強；喜歡憑自己的感覺做事，熱衷於給別人一些建議。
綠燈剛亮，就放下手煞車起動車子，搶先衝	頭腦靈活，反應敏捷，凡事喜歡比別人搶先一步。應變能力和競爭意識強，生活態度比較積極，但容易跌倒。

行為特點	性格分析
在綠燈亮後最後一個啟動車子	性格冷靜沉穩，為人處世小心謹慎。低調、內斂，從不和他人競爭，追求的最終目標是安全而有保障。
開車時一心二用，一邊開車，一邊抽菸或打電話，停車時甚至把腳蹺到前面方向盤上	個性獨特，有主見，為人耿直。理想主義者，希望一切都按自己的想法去發展，導致太過自我而受人排斥。

（2）打招呼

人與人見面打招呼是十分常見的溝通行為，我們可以從一個人打招呼的用語中判斷出這個人的性格特點。具體見下表：

打招呼習慣及性格分析

打招呼習慣	性格分析
以「你好」作為打招呼用語	頭腦冷靜，能夠很好地控制情緒。工作勤勉，做事認真仔細，值得信賴。對待朋友真誠，盡量避免與人發生衝突。
用「嗨」打招呼	情感豐富，多愁善感。與人相交時低姿態，小心翼翼。聚會時一般躲在角落裡，寡言少語。在熟人當中，也有活潑的一面。
用「喂」打招呼	為人直白，有一說一，不會拐彎抹角。活潑好動，大剌剌；天性樂觀，有幽默感，心胸寬廣，有容人之量。

打招呼習慣	性格分析
打招呼時說「怎麼樣」	喜好表現，喜歡引起別人的關注。愛出風頭，但會做好準備，制定詳細的計畫，而且一旦決定做某件事，會不達目的誓不罷休。

（3）握手

握手是人際交往中的一種重要禮節，不僅僅表示禮貌，而且會傳導一個人的情緒和性格。有些時候，一次簡單的握手，透過握手時的力度、情緒、持續時間等，就可以傳遞出豐富的含義。握手會給對方留下深刻印象，它既可以反映出你的友好和尊重，也可以反映出你的敷衍和傲慢。具體見下表：

握手習慣及性格分析

握手習慣	性格分析
用雙手握手	天性熱情，性格上溫良寬厚。他們藏不住感情，各種感情都能在臉上表現出來。對朋友很熱心，能夠推心置腹。
用力握手	執行力比較強，做起事來獨斷專行，領導能力出眾，但是有時過於自大。
力度適中地握手	給人感覺沉穩可靠，富有責任感。做事思慮周詳，對事情有其獨到的見解。個性沉穩、遇事不慌，身上很有領導風度。

握手習慣	性格分析
只是輕微碰觸	性格上比較悲觀，對很多事情都不關心，不是紳士的表現，總是用一種事不關己高高掛起的態度來與人相交，人際關係不太好。
緊握住不放	感情比較豐富，熱情，並且愛交朋友。
手指輕觸或者手指抓住對方	比較敏感，情緒波動比較大。和這類人交往要很小心，不要觸碰他們的敏感地帶，否則很容易讓雙方都下不來臺。
握手時手掌向下	控制慾比較強，希望在接下來的交流中居於支配地位。如果是兩個都很強勢的人握手，那麼他們之間會有一番較量。
紳士緩慢，不太情願與對方握手	個性保守、容易害羞，握手時不敢看對方的眼睛。對人很真誠，沒有什麼城府。

（4）坐的姿勢

坐姿習慣也能一定程度地表現出這個人的性格特徵。具體見下表：

坐姿特點及性格分析

坐姿特點	性格分析
坐姿端正，兩腳合併且微微向前，整個腳掌著地	外冷內熱型，表面上看比較冷漠，實際上是熱心腸，感情真摯誠懇，喜歡幫助人，不過做事容易太過認真，比較死板、缺乏靈活性。

坐姿特點	性格分析
雙腳盡量向前伸直並相互交叉	這是一種防止消極情緒外流、克制感情和恐懼心理、代表警惕或防範的典型坐姿。性格上控制慾較強，行為上喜歡發號施令，有嫉妒心理，但工作上踏實認真。
坐著時，喜歡用腳或腳尖帶動整個腿部抖動	這種人一般在想自己的事情或一會兒要說的話，對於他人正在講的內容完全不理會；比較自私，對別人很苛刻，對自己則有些放縱，所以人緣不太好；但是正因為經常關注自己的事情，所以善於思考。
習慣蹺二郎腿	率真任性、開朗樂觀和自信，會享受生活，能靈活應對複雜的人際關係；如果是用一條腿勾著另一條腿，則說明這個人做事謹慎，自信心不足，做事優柔寡斷，給人一種性格複雜的感覺。
敞開手腳，手沒有固定的地方	個性特別，人際關係比較好，喜歡在圈子裡起主導作用，當然有時會自以為是；對別人的批評置若罔聞，堅持遵循自己的偏好去生活。
側身坐在椅子上	性格像孩子一樣頑皮，不擅長遮掩情緒。做事只求自己心情舒暢。如果對方因為自己的觀念特異而批評自己，會增加他們的反感。
身體盡力蜷縮，雙手夾在大腿中	有著很強的自卑感，性格上謙遜有禮但缺乏自信，習慣聽從於別人，屬於服從型性格。

(5) 拿茶杯

有些人的性格特徵和處事方式透過拿茶杯的特點可以看出來。具體見下表：

拿茶杯特點及性格分析

拿茶杯特點	性格分析
喜歡拿著杯子的上方	通常性格開朗樂觀、胸襟開闊，不會計較那些細微的事情；能時刻保持積極向上的態度，對工作和生活都充滿了信心。
喜歡拿著杯子的中間部分	性格沉著穩重，對人非常友好，很容易贏得別人的信任，人緣不錯。社會適應能力非常強，交際手腕也比較高明。
喜歡手握杯子的底部	心思比較敏感細膩，性格溫暖，容易受外界影響，經常焦慮不安。理想主義者，但是遇挫折時易灰心，在藝術方面會做出成就。
雙手一起握著杯子並旋轉	這種「把玩」表明他們內心空虛，需要有人慰藉。這種人表面隨性豁達，卻城府極深，雖然成熟老練，善結人緣，但沒有長久感情上的朋友，只有利益上的朋友。
經常搖著杯子	性格比較開朗、積極好動，對很多事情都有強烈的好奇心及興趣。始終仕追逐新鮮、刺激的經驗，做事沒有常性。

拿茶杯特點	性格分析
一邊拿杯子一邊用手指夾著東西	兩手一直不空著，這也代表他們有很強的自信心。他們很懂得根據自己的個性選擇適合的工作。交際風格純熟幹練，有很好的說服能力，是個交際人才。

（6）敲門

敲門是我們日常經常需要做的一個動作，平常我們到主管或同事辦公室的時候，都要先敲門，經允許後才走進去。一個人敲門動作的輕重緩急與內心力量的強弱息息相關，所以透過敲門強度、節奏、時間等，能從側面分析出一個人的性格特點。具體見下表：

敲門特點及性格分析

敲門特點	性格分析
敲門聲響亮，強勁有力	一般比較自信、內心力量強大。辦事沉穩，行動雷厲風行，偶爾會有魯莽的舉動。這種敲門聲代表要談的事情非常重要。
敲門聲綿軟無力，讓人覺得好像出現了幻覺	一般性格懦弱，做事畏畏縮縮，不敢承擔風險和責任；他們缺乏自信，在與人的交往中比較被動，情緒消極。

敲門特點	性格分析
用手掌把門敲得「嘭嘭」響，甚至拳腳相加，聲音短促凌亂	一般是來者不善，或者是居高臨下，看不起屋主。
敲門聲溫柔沉靜、有節奏感，給人沉穩踏實的感覺	一般性格文靜、柔和，辦事條理性強，善於傾聽，思維周密。
敲門聲沉重遲緩	一般性格憂鬱，感情細膩脆弱，沉浸在自己的世界中，喜歡幻想，缺乏自信。這種敲門聲表示對方可能遇到了煩心事。
敲門聲乾脆俐落	這樣的人有氣質、高雅，通身透露出一種藝術的氣息，喜歡乾淨整潔，辦事也俐落、有魄力。
習慣敲兩下，停一下再接著敲	代表其心思縝密，做事習慣考慮外在的各種條件，性格上有些猶豫，容易出現因考慮太多而無法決策的問題。
均勻敲兩三聲，然後等主人應答	懂得自律和自我控制，有著良好的習慣和品格修養。這種敲門方式通常可用以表達敬意或者有事要求對方幫忙。
敲門聲緩慢，敲兩下就停下	可能心情較疲憊或沮喪，遇到了什麼解決不了的問題。
敲門聲像踩著歡快的鼓點，節奏感很強	性格開朗歡快屬於樂天型的，對於任何困難都能從容面對，努力想辦法解決，就像打不倒的「小強」。

（7）等電梯

　　等電梯的短短幾分鐘，也很容易看出不同人之間的性格差異。有的人處之泰然，有的人焦躁不安，有的人默守一隅，有的人高談闊論，具體分析見下表：

等電梯行為特點及性格分析

等電梯行為特點	性格分析
拚命按電梯按鈕，時常按捺不住，重複多次按	一般性子急躁，辦事追求效率，時間觀念比較強，是那種雷厲風行的行動派，進入工作狀態就會如痴如醉，常會忽略周圍的人或事。
主動與其他乘客搭訕	這種人性格開朗樂觀、自信心強、寬容隨和、頭腦靈活，人際關係特別好。
不由自主地來回踱步，停不住腳	這種人神經較敏感，內心世界豐富，洞察力強，憑直覺來判斷事情，並且比較相信自己的直覺和判斷力。
左顧右盼，不是看天花板就是看周圍廣告	心理防衛意識比較強，與人相處時為了不暴露自己的缺點往往會設一道防線，看上去會比較冷淡，但實際上性格溫和、心地善良，他們交友更傾向於少而精。
低頭盯著地面或自己的腳尖	平時看上去會比較沉默，但心地善良，不太愛公開表達自己的看法；他們通常容易相信他人和樂於助人，不太會拒絕別人，有時容易上當受騙。

等電梯行為特點	性格分析
盯著樓層顯示燈	比較理性、穩重、為人小心謹慎、做事很有條理，自我防衛意識強烈，但不太喜歡插手別人的事，可能在一些人眼裡顯得有些漠然。

(8) 辦公室物品擺放

大家通常會在辦公桌上擺放各式各樣的物品，如仙人掌、辦公包、小風扇等。每張辦公桌上的物品都顯示出一個員工的喜好。英國心理醫生斯蒂恩教授經過長期的實驗和求證，認為辦公桌與員工的性格之間有著千絲萬縷的關係，透過辦公桌所呈現出來的種種面貌，可以展現出一個人的性格特徵。具體分析見下表：

辦公室物品擺放特點及性格分析

辦公室物品擺放特點	性格分析
辦公桌雜亂無章	缺乏邏輯思辨能力，工作能力差，做事往往沒有計畫性，效率也極低。生活態度積極樂觀，喜歡追求簡單，但太過於隨便，不拘小節，常常是草率馬虎，得過且過，缺乏長遠的眼光。
辦公桌乾淨整潔	嚴於律己，生活有規律，做事有效率，有追求有幹勁，習慣依照計畫做事，應變能力相對差一些。

辦公室物品擺放特點	性格分析
辦公桌裡存放紀念物	大多性格內向，不善與人打交道，情感豐富，心理較脆弱，經常獨來獨往。有一些懷舊情結，做事缺少足夠的恆心和毅力。
桌面上整齊，但抽屜內卻是亂七八糟	公私分明，事業心很強，性格沉悶，人際關係冷漠，不喜歡和別人打交道，做事沒頭緒和條理。
辦公桌上沒有裝飾品	平時看上去會比較沉默，但心地善良，不太愛公開表達自己的看法；他們通常容易相信他人和樂於助人，不太會拒絕別人，有時容易上當受騙。

（9）坐座位

　　日本心理諮商網研究發現，人們出現在公共場合時，所選的座位會無意中透露個人性格的特徵，這就是座位性格學。每個人在選擇座位時都有自己的偏好，選擇什麼樣的座位，在一定程度上顯示了他是一個怎樣的人。所以，座位也不是隨便坐的。具體分析見下表：

坐座位特點及性格分析

坐座位特點	性格分析
坐在前排	自信堅強，這是一種積極向上的人生態度，選擇坐這類位置的人大多比較自信而且意志堅強、思維靈活，做事積極主動，有領導力和號召力，不畏挫折，勇於擔責。

坐座位特點	性格分析
靠牆坐	喻示缺乏安全感，這種人防禦意識較強，性格敏感，做事小心謹慎，總是習慣把一切都掌握在手中。
坐角落	性格獨立，這種人不喜歡熱鬧的環境，能安心於作壁上觀，同樣遇事缺乏決斷能力，性情憂鬱。
坐靠窗	喻示安靜閒適，這種人內心敞亮，性格比較安靜、穩重，喜歡舒適乾淨的生活，不喜歡喧鬧，行事傳統。
坐中央位置	喻示以自我為中心，這種人的自我表現欲非常強烈，做事說話喜歡以自我為中心，性格上自大狂妄、自私冷漠、不隨和，他們過度關注自己，事業心比較強，做事爭強好勝。

　　當然，這些行為特徵和人的個性特點的對應關係並不是絕對的，只是見微知著，透過一些外在的面貌、衣飾、行為特徵分析，可以幫助我們更全面地了解溝通對象罷了。

第四章　團隊溝通場景

在職場中，我們經常要面臨開會、就餐、飲茶、送花等各類工作及人際交往場景。在這些場景中如何照章辦事，將人際關係處理拿捏到位，也需要我們在了解基本常識的基礎上，不斷摸索。

▌4.1　會議規則

職場中的會議是頻繁的，在團隊內部，也是各式各樣的會議，這裡著重介紹以下幾點。

1. 會議通知。將會議主題、時間、地點、參加對象、議程等預先告知，以便與會人員及早安排。

2. 會議文件。需要提前準備完善，包括會議議程、主管講稿提前確認和熟悉。定稿完成的會議文件列印裝訂、分發。事先在裝置上進行預演。

3. 會場布置。掛橫幅還是打字幕、用不用螢幕或投影機、設不設主席臺、安不安排茶歇，要事先根據會議性質做好安排。

4. 座位安排。根據主管排序來安排座位。主席臺就座主管為奇數的，與會最高主管在正中間就座，左側是與會主管中排序第二位者，右側是與會主管中排序第三位者，這樣依次交叉排座。主席臺就座主管為偶數的，與會最高主管在正中線右側第一個座位就座，與會主管排序第二位者在正中線左側第一個座位就座，後邊依排序交叉安排。

其他與會人員，如已安排了座位，請他們在指定座位上就座；如未安排，請他們在指定區域就座，但不建議主動坐後排。

5. 著裝要求。一般按規定著裝，沒有規定的，盡量著正裝。

6. 其他要求。如開會不遲到早退，手機關機或靜音，不宜頻繁離開會場去接聽撥打電話或玩手機。攜帶筆記本，視內容做一些記錄，不宜兩手空空去赴會，會議文件如果屬機密檔案，會後要按保密檔案存檔等。

■ 4.2　宴請習俗

華人自古以來就是禮儀之民，也是餐飲文化大國，飲食文化源遠流長。吃不僅是每個人生活的必要元素，也是團隊溝通的一種重要方式。這裡主要探討公司內部公務宴會和同事私人聚會。

1. 職場宴會的功能

據說「飯局」這個詞起源於宋代，「飯」與「局」結合，就是

指透過吃飯的形式達到某種改變情勢的目的。

　　和正式的公務飯局不同，團隊同事之間的飯局因為彼此熟悉而輕鬆，這些飯局是團隊運作的潤滑油，是同事之間更加深入了解的機會。因此團隊聚會能參加應盡量參加，不要無故找藉口推辭。因為同事圈是個特殊的交際圈，同事之間的飯局其實就是延伸的職場，是一種特殊的交際，要融入公司這個集體，你就必須去交際。找藉口不參加，就意味著自行切斷了這個交際途徑，自動脫離了這個特殊的「組織」。總體來說， 「團隊飯局」具備溝通交流訊息、加強感情、拓展人際、化解矛盾、娛樂放鬆等功能。

2. 宴會中的角色定位

　　飯局的構成中一般有以下幾種人：組織者（請客人）、主賓、副主賓、主陪、副陪、其他參與者。我們參與飯局，應明白自己的角色。

　　（1）組織者。俗話說「無功不受祿」，沒有任何名目地請人吃飯，別人心裡吃得不踏實，一般也不會來。組織者首先一定要提出一個由頭，也就是為什麼請客，需要一個容易被人接受的理由，比如完成任務、升遷、生日、放假等，或一個容易被主賓接受的人出面。

　　（2）主賓。飯局的主要宴請對象。

　　（3）副主賓。飯局的第二宴請對象，職場內一般是比主賓職

級低的客人，副主賓自己在正式表態答應前，如果跟主賓熟悉的話，最好先確認主賓的態度。

（4）主陪。宴會組織者名義上就是主陪，如果你在參與接待人中等級最高、威望最大，組織者按慣例就會請你擔當主陪。

（5）副陪。評估主陪、主賓、副主賓的關係，一般組織者請你出場，事先也應該做過功課的。

（6）其他參與者。根據組織者安排，隨性參與，不要喧賓奪主，也不宜過量飲酒吃菜。

適當地請下屬吃飯，可以博得下屬的好感，融洽人際關係，為工作增添潤滑劑。俗話說「一個籬笆三個樁，一個好漢三個幫」，能力再強的主管，也要把下面人團結好，靠大家配合與支持。

3. 座位安排

總的來講，座次是「右手為大」「面朝大門為尊」。若是圓桌，則正對大門的為主人（或主人委託的代表），主人左右兩邊的位置，則以離主客的距離來看，越靠近主客位置越尊，相同距離則右側尊於左側。圓桌一般就以主陪為核心左右分布就座，也有分設主陪、副陪，面對面相坐，主陪、副陪兩側分別安排，主賓一、主賓二，主賓三、主賓四就座。若為八仙桌，則正對大門一側的右位為主客；如果不正對大門，則面東的一側右席為首席。若為大宴，桌與桌間的排列講究為首席居前居

中，左邊依次二、四、六席，右邊為三、五、七席，根據主客身分、地位、親疏分坐。

主人應該提前到達，然後在靠門位置等待，並為來賓引座；被邀請者則聽從東道主安排入座。

一般來說，如果你的主管會出席，應該將主管引至主座，然後請其他來賓中等級最高的坐在主座右側位置（如果有幾位主管，則為職級最高的一位）。

4. 點菜的技巧

（1）定標準，考慮客人的身分及宴請的目的，做到豐儉得當。根據宴請規格及所在飯店等級來估算宴請標準，由飯店統一搭配安排，這樣做一是方便，二是相對實惠，可以事先對飯店提出重要菜、大菜、特色菜的要求。

（2）自己點菜，根據人數確定菜品數量，參加人數較少的，一般人數加 3，參加人數在 10 左右，人數加 2，也可以提出幾個主要菜餚，並徵求有無忌口意見。

（3）根據客人的戶籍、種族、年齡、職業特點、個人興趣大致推斷出其口味就再好不過了。但如果實在是難以推測，點相對保守的菜，即所謂中性的菜。

（4）菜餚組合，菜應有冷有熱，葷素搭配，主次分明，要有一個貴重的或特色的主菜，以顯示宴請的規格。

5. 飲酒注意事項

飯局離不開酒，敬酒也有講究，主要是看自己在飯局中的角色，這裡以普通參與者的身分來介紹幾個喝酒細節供參考。

（1）主陪、主賓等主管相互喝完後才輪到自己敬酒。

（2）一般一次敬一個人，也可以多人敬一人，除主管或特殊貴賓外，不可一人敬多人。

（3）敬酒一定要站起來，雙手舉杯。不能喝完，事先口頭打個招呼，一般小杯宜「我喝完，你隨意」。

（4）敬酒碰杯時，自己的酒杯要低於別人。如果是主管，則不要放太低給別人留點空間。

（5）如果沒有特殊人物在場，敬酒最好按順序來，不要厚此薄彼，不要間隔或跳躍。

6. 添加聯絡方式

飯局中留個電話、加個好友都是常事，一般要事先跟對方打個招呼，徵得對方同意，有時與主管初次相見，提出了好友申請後，對方如果遲遲不加入，也不必催促。

如果要聯繫的是你主管的朋友或夥伴，事先應悄悄向主管提出口頭申請，得到允許後再加，主管的這些資源，先尊重再共享。

7. 如何離席

宴席中途如果有人離開，而引起一桌人一鬨而散；或中途悄無聲息離席，都是宴會中煞風景的事。主賓、副賓、副陪，如另有活動需提前離席，應事先跟主人專門打好招呼。

離席要選擇適當的時機。一般情況下，當有人中途離席時，宴會整個氣氛勢必會受影響，談話也可能會被迫中止，大家會將視線集中在那些即將離席的人身上。所以你一定要注意選擇告辭時機，不要在大家聊天聊得正熱烈時，或重要的事情還未宣布前就離開，如赴宴時已確定提前要走，最好開席前悄悄跟主人打個招呼。

切忌悄悄自行離席。客人如確有急事需先行告辭，應向主人說明原因，表示歉意；同時，為了不影響他人，可以請同桌其他的人待久一點，繼續剛剛的話題，表示歉意，並解釋自己先行離去的理由。

8. 宴會結束

正常情況下，一般只有主人或主賓才有權宣布宴會結束，其他人可向主人或主賓，視情況提出建議。離席時應讓主賓、年長者和婦女先走，貴賓一般是第一位告辭的人。身分同等的人可同時離座，其他人依次。主賓或主人的陪同，可悄悄先行離席，做離開的準備。

■ 4.3　飲茶禮儀

　　華人熱情好客，講究感情。在職場當中，無論是主管還是同事洽談公務，一般都會備點茶水用以接待，對數千年來約定俗成的茶文化，我們也應該了解一些。

　　1. 茶具要清潔衛生，久置未用的茶具，最好沖洗一遍，如用公司免洗紙杯，最好加上杯托，以免燙傷。

　　2. 斟茶之前，徵詢對方意見，要茶葉還是白開水。愛好不同、季節不同，需求均不一樣。

　　3. 斟茶順序，按主管職務或來賓資歷順序倒茶。一般情況下，來賓也是按此規則就座。遞茶杯的時候，一般雙手給別人端茶，要注意好位置，杯柄要在客人伸手握杯方便的角度。

　　4. 茶葉、茶水適量。斟茶不能滿杯。茶水是熱的，滿茶杯時容易溢位和燙傷客人之手，甚至失手致茶杯摔地打碎。

　　5. 接受斟茶時，要致謝回應。除嘴上話語外，也須有動作來表達。上司、老師喝茶，用中指在桌上輕彈兩下，表示感謝；同事、學生喝茶，用食指、中指在桌面輕彈兩下表示感謝！

　　6. 滿茶送客：一陣洽談之後，為了表示結束，而對方卻無主動離開之意，可在其杯中加滿，隱含送客之意。

▌4.4　乘車禮儀

　　乘車禮儀相對簡單，主要是文明準時，關鍵點是位置不能坐錯。以小轎車為例，駕駛駕車，後排右側為第一主管或貴賓座位，後排左側為第二主管或貴賓座位，副駕駛位置為祕書、隨從或主人，如主人排序在第二主管或貴賓前，主人可以到後排左側座位，第二主管或貴賓到副駕駛位置就座。如果是主管開車，主賓是大主管，仍然坐後排右側第一位置，主賓是同僚或下屬，那就應該坐在副駕駛位置。

第五章　溝通媒介

　　人與人溝通常見的媒介有語言、文字、眼神、表情、姿態等，隨著通訊技術和網際網路技術的發展，電話、通訊軟體、電子郵件、語音信箱等媒介都成為人際交往中重要的溝通工具。

5.1　書面文字

　　文字因記錄語言而產生，能克服語言溝通交流在時間、空間上的局限，書面溝通適合傳達事實和意見，尤其是重要、複雜困難的訊息，也便於存檔保管，從而方便回頭重新查證、分析。

　　下面重點介紹一下應用文的類別。

　　1. 通知：適用於傳達要求下級單位辦理和相關單位需要周知或者共同執行的事項，批轉下級單位的公文，轉發上級單位和不相隸屬單位的公文，任免和聘用人員，釋出規章制度。

　　2. 請示：適用於向上級單位請求指示、批准。

　　3. 決定：適用於對重要事項或者重大行動做出安排、獎懲

相關單位及人員、變更或撤銷下級單位不適當的決定事項。

4. 決議：適用於對某些重要決策事項經過法定會議討論通過，並正式公布，要求相關單位和人員貫徹執行，具有法規性、指導性的公文。

5. 命令（令）：適用於宣布實施重大強制性措施，批准授予嘉獎等。

6. 公報：適用於公布或報導重大決定或者重要事項。

7. 公告：適用於公布重大決定或者重要事項。

8. 通告：適用於一定範圍內公布應當遵守或者周知的事項。

9. 意見：適用於對重要問題提出見解和處理辦法。

10. 通報：適用於表彰先進、批評錯誤，傳達重要精神或者告知情況。

11. 報告：適用於向上級單位彙報工作，反映情況，答覆上級單位的詢問。

12. 批覆：適用於答覆下級單位請示事項。

13. 議案：適用於按照流程提請審議事項。

14. 函：適用於不相隸屬的機構之間相互商洽工作、詢問和答覆；向平級單位請求批准和答覆審批事宜；也適用於請下級單位協助工作事宜。

15. 紀要：適用於記載、傳達會議情況和議定事項。

除正式的應用文外，書面文字還包括散文、小說、詩歌、信函、便箋等，在此不一一詳述。

值得注意的是，公開信、倡議書這些應用文日常使用不多，但在特殊場景下往往效果出奇。比如，年前好彩頭、年終衝刺，都有可能透過給員工發公開信、倡議書來激發員工鬥志。

■ 5.2　電話

電話溝通雙方可以突破空間限制，能方便迅速交換意見，節約時間和差旅費用，不足之處是不利於個人關係建立，也缺乏非言語訊號。電話交流應該注意以下幾點。

1. 電話裡交流應該以情感動人

在電話裡與對方說話應該充滿情感，激動時也可以加上肢體動作，否則你講出來的話乾澀冷漠，對方聽到聲音就知道你的心態，容易阻隔兩人的感情交流。如果現在很難過或正在考慮難題，你很不想要有人來打擾，可此時突然來了電話，那你在接過電話之前，要先暫停幾秒調整一下情緒，不要把自己的煩惱和不快傳染給對方，更不能因對方在不恰當的時候打來電話而發怒。

2. 聲音清晰，發音準確

透過電話交流時，聲音是你唯一的溝通介質。其他的溝通是透過聲音傳導過去的。所以，傳到電話那端的必須是一個清

晰、有力、讓人感興趣的聲音，同時，音量要適中，發音清楚。

3. 形成互動、有效的溝通

電話交流是雙方互相回答、聽說互動的過程。如果你要同對方談話的內容太長，應先問問對方方便不方便，有沒有聽清，有沒有什麼看法。

「你現在忙嗎？要五分鐘才能講完，你介意嗎？」

「剛才我說的一段，你聽清楚了嗎？要不要我重複一下？」

「你怎麼看剛才這件事？」

電話交流也要透過互相的溝通，對方和你交談時，你要邊聽邊說「對」「不錯」「很好」，這些話不要長，一兩個字就行，目的是讓對方知道你在很認真地聽他講話，那麼他講話就會更有精神。

4. 禮貌客氣，注意禮儀

在和別人打電話的過程中，不管接你電話的人是誰，你都應很禮貌、很客氣地與對方談話。你禮貌客氣，對方才會樂意聽你說。特別是萬一你要找的人不在，你需請接電話者轉告某事，要給予致謝。撥打對方座機，如對方占線，可透過手機發送訊息予以說明，待方便時再聯絡。

▌5.3 通訊軟體

現在通訊軟體已成為人們日常溝通交流的重要工具，關於通訊軟體溝通交流的規則約定大家的共識已逐漸形成。

下面，根據大家在現實生活中發訊息或貼文的一些日常行為，整理了9條「軍規」。

1. 不分享帶有強制性的訊息。每個人的信仰與價值觀是不一樣的，你喜歡的，別人不一定喜歡。盡量別大量發送求讚、求分享、求投票的訊息。不要分享「詛咒轉運，分享會走運、不分享會倒楣」這種訊息。盡量別推荐自己完全不能保證品質的東西，即使是幫朋友，也要注意一個限度。

2. 不隨便邀請別人進群組。尤其是購物群、活動群、股票交流群，邀請連結發一遍對方沒反應，就別一遍遍發了。有些群組貿然進去，說不定就是陷阱，對朋友是不負責任的。

3. 不要在別人貼文留言裡說涉及人家隱私的事情。盡量別把跟朋友的私人對話截圖到貼文。非常想截的話，要麼取得別人同意，要麼塗掉朋友姓名，以確保不會給朋友帶來任何困擾。

4. 慎重截圖分享。團隊溝通過程中，往往有上級主管的溝通訊息，也有同事或其他人的意見觀點，這些訊息是特定場景下與個人的交流，截圖分享有可能存在斷章取義或引起誤解的地方。

5. 多用文字訊息。通訊軟體支援文字、表格、語音、影片、圖片的傳輸，極大地方便了溝通雙方。尤其是語音，直接對著手機說話就能完成，受到許多人的喜愛。雖然方便，但在現實使用過程中，要注意慎用語音，語音訊息在接收方開會或有他人在場等情況下，是不方便收聽的。

6. 嚴謹選字用詞。通訊軟體儘管有收回功能，但預留時間很短，而訊息一旦發出後，對方或群組成員聊天室中就留有痕跡，即使有收回的，其他人也可能當時就截圖保存了。因此，發送尤其是涉及關鍵內容、敏感訊息時，要注意詞句的嚴謹。

7. 貼圖運用要合理。比如「OK」「知道了」。為方便通訊軟體溝通交流，表達情感，很多創作者製作了很多貼圖，供大家選擇使用。在使用時，一定要選擇貼近場景和內容的貼圖，另外在點選時要看準避免誤發。一個貼圖實際上就是代表一種溝通含義，除熟人間有意逗笑之外，平時還是嚴謹點好。

8. 合理加入好友。通訊軟體加入好友有多種方式，諸如 ID 加好友、面對面加入群組、掃 QR Code、手機聯絡人（添加或邀請通訊錄中的朋友）、群組等，職場一般同事加入好友禁忌不多，最好的辦法是當面口頭溝通，然後在對方同意後加入，應告知自己的身分，讓對方知道。如果是透過電話號碼、ID 搜尋或群組等加入的，若要讓對方加入，應告知自己的身分，讓對方知道。如果加入好友後，對方沒有確認，通常不要反覆加入。

9.最好不要頻繁換名字和頭貼，大部分人都不會備註聯絡人姓名，你今天是「辣妹」，明天是「可愛的小豬豬」，後天變成「瘋狂的鬥牛」，對方很可能反應不過來。

■ 5.4　電子郵件

電子郵件自 1980 年代興起，即成為網際網路時代非常普及的職場溝通工具。採用電子郵件來溝通，也有一些注意事項。

1. 發郵件，最好另外管道告知

首先要考慮溝通對象是否有信箱，是否習慣使用電子郵件，是否經常登入電子信箱，特別是通訊軟體逐漸成為主要交流工具後，有些人已不再經常登入。為確保溝通及時成功，我們在發送郵件之後，可以打一個電話給對方，或發送一條告知簡訊：「×× 您好，我剛發送一封電子郵件到你 ×× 信箱，請您方便時查收」。

案例：

一次，公司要召開月度工作會議，總經理安排辦公室職員李晨負責籌劃工作會議日程及會務事項，李晨當天晚上就加班完成了任務，並把方案以電子郵件形式發到總經理的個人信箱裡。主管開會前兩天，總經理打電話催問李晨，怎麼還沒把方案做好？李晨回答說，幾天前就已發到總經理信箱。原來總

經理這些天比較忙，沒有登入信箱，總經理提醒李晨，千萬不要以為已經發出郵件，對方就能在第一時間關注到。重要的事項，最好透過電話、簡訊等其他方式再提醒一下，這樣才能避免誤事。

在發送郵件之前，我們要仔細檢查對方電子信箱地址是否準確，郵件主題是否明確，內容是否與主題吻合，表達是否清晰，尤其值得注意的是，郵件一經發送，便不可收回。在現實中，我們也可以看到把電子郵件作為重要證據的訴訟案例。此外，電子郵件對收件人禮儀格式的相關要求參照書信的相關約定。

郵件最後請署名，平時聯絡不多的話，寫上聯絡電話。

2. 收郵件

及時回覆告知，要養成每日至少登入一次信箱的習慣，避免遺漏，並仔細回覆告知。

▌ 5.5　語音信箱

語音信箱是一個給別人留言的系統，以前是對電話未能接聽的補救服務，現在很多時候，電話如果沒有接聽，就通常會提醒將自動轉到語音信箱。

為了方便對方在語音信箱留言，很多人都已事先錄好請對

方留言的招呼語。此外，大部分的語音留言系統都可以讓你把留言一次傳給好幾個人。

　　對許多人來說，語音信箱可以不掛電話就直接留言，比寫電子郵件重新發訊息簡單。

　　語音信箱的不足之處在於，不方便就溝通交流的內容即時討論，而且一個部門裡，可能大家都有語音信箱，但經常使用的人不多，對複雜的內容，留太長的留言，溝通體驗也不太好，對方聽起來也很累。

　　要注意經常聽信箱留言，以免長時間收不到對方的訊息，不能給對方及時回覆。如果你要外出或出差一段時間，無法聽留言，最好在信箱的招呼語中特別說明。

第六章　溝通方式

　　溝通的方式按不同性質分為多種，這裡重點談三組對立統一的溝通方式。

■ 6.1　隱性溝通與顯性溝通

　　工作與生活中，我們常見的見面會談、寫信、打電話、發訊息、拍手、點頭、大笑等溝通方式，大多直截了當、一目了然，這些都被稱為顯性溝通方式。

　　還有一種溝通方式，表面上看，無具體溝通內容和目的，甚至是下意識的一些行為，但仍舊不停地向外傳遞著訊息，我們稱這類溝通方式為隱性溝通。隱性溝通不是主動行為，即使我們不使用語言文字，不採用刻意的行為，溝通依然存在，並能給別人留下印象，發揮作用。

　　為了避免產生負面影響，我們日常工作生活中要關注自己的行為，既要善於利用顯性溝通，又要合理利用隱性溝通。人們常說，機會是留給有準備的人的。這裡的準備，在顯性溝通

方面，大家有差距，但不會太大。其實最容易拉開差距的，就是我們很多人都不注意的隱性溝通行為。

隱性溝通既反映了自身的修養，也為顯性正式溝通做了鋪陳。我們要強化自律行為，日積月累，形成自己在別人，尤其是上司心中更完美的形象。

職場常見隱性溝通的一些表現，如著裝、就餐、參加工作等，都會潛在影響別人對你的看法。以工作用餐為例，在員工餐廳吃飯，不宜在下班時間前到達餐廳，以免給別人留下早退印象。正常按秩序排隊取餐用餐，飯菜不宜浪費。就餐不大聲喧譁，餐畢後，將餐盤、食物殘渣等收納妥當放到指定位置，不宜隨便扔在餐桌上，自己揚長而去等，這些行為看似不起眼，卻能不經意間形成別人對你的評價。

從上可見，溝通無處不在，很多看似習以為常的小動作，就透露出一個人的作風與水準。所以，在日常生活中，我們不僅要做好自己，也要學會從一個人的工作、生活細節中了解其性格特徵，以便更好地改善我們的人際關係。

6.2　正式溝通與非正式溝通

根據工作性質來分，團隊溝通分為正式溝通和非正式溝通。

正式溝通一般指在團隊系統內，透過固有的組織和結構按

照規定的方式進行的訊息傳遞與交流，比如工作談話、檔案傳閱、召開會議、會晤、信函、請示、報告等。

這種職場溝通方式由於對訊息的傳達途徑、格式及對象有具體規定，因此比較嚴肅、約束力強，代表組織溝通，具有權威性、保密性強的特點，適用於重要的訊息傳達。不足之處是溝通方法過於刻板、沒有人情味，溝通成本高，速度慢，特別是在組織層級較多的情況下，容易出現訊息失真，出現「上有政策、下有對策」的弊端。

非正式溝通一般是指發生在非職場工作時間或場所的溝通，一般以職場團隊成員之間的交往為基礎，透過各式各樣的社會交往而產生。具有表露真實想法、拉近人與人之間的距離、形式靈活、方便快捷等優點；在日常生活中，閱讀、聊天這樣的非正式溝通，可以相互交流感情、想法，縮短人與人之間的心理距離。

非正式溝通能彌補正式溝通的不足，傳遞正式溝通無法傳遞的訊息，交流內心真實看法，為決策提供真實訊息，也能減輕正式溝通的負荷量，促使效率提高。有時也是正式溝通前的預溝通，其作用與正式溝通相比毫不遜色。

非正式溝通的缺點是有溝通訊息容易失真、訊息太隨意、溝通過程難以控制等問題，有時候處理不當還會出現破壞組織團結的現象，形成小圈子、小集團，影響團隊的凝聚力。

　　我們常說的一些八卦小道消息，往往都是透過非正式溝通傳播的。古話說「隔牆有耳」「群處守口，獨處守身」就是提醒我們，背後少議論他人，這不僅是避免自己落人話柄，被他人記恨的保身之術，也是尊重他人的優良表現。

　　當然，在實際工作中，採用正式溝通還是非正式溝通，還是兩者交叉運用，要結合溝通雙方的溝通內容、場景等靈活運用。

■ 6.3　直接溝通與間接溝通

　　直接溝通就是溝通者與溝通對象直接進行交流，比如談話、會議。當然，也並非一定要像上面的情形那樣在同一個時空中，不同的時空也可以進行直接溝通，比如信件、通訊軟體、郵寄物品等。

　　間接溝通就是透過第三方轉達式溝通。透過第三者提醒，能夠有效緩解對方的成見和反感情緒。但是，在使用這種方法的時候，在對傳話人的選擇上一定要慎重，應避免「狐假虎威」「辭不達意」，以免讓溝通對象產生誤判。

案例：

　　有一次，蘇軾去拜訪王安石，恰好王安石不在家，但見其書桌硯臺底下壓著一首未寫完的詩：「昨夜西風過園林，吹落黃花滿地金。」蘇軾想：菊花有傲霜之骨，花瓣怎麼會四處落？王

安石錯矣，蘇軾於是揮筆續詩：「秋花不比春花落，說與詩人仔細吟。」

不久蘇軾去後花園賞菊，正值颳了幾天大風，園中菊花枝上一朵花也沒有，也是落花繽紛，滿地鋪金。蘇軾傻眼了，想起那兩句續詩，非常羞愧，想親自向王安石道歉，但又擔心解釋不清，自討沒趣。蘇軾想了一計，邀請王安石的詩友王令來家中做客，然後向他述說那天亂續詩句的事情，並誠懇檢討，表達了對王安石深感慚愧內疚之情。後來，王令將蘇軾的歉意轉告了王安石。王安石知其良苦用心，也消除了對蘇軾的隔閡。

在這個例子中，蘇軾屬於不便親自登門道歉的情形。一來，自古以來都是文人相輕，好面子；二來，兩人在政見上分歧很大，王安石推行新法，蘇軾阻撓。如果蘇軾親自登門解釋一番或檢討，王安石恐怕會更加生氣，或視之為虛情假意，難以取得預期的效果。於是蘇軾巧借第三者之口，轉告自己的歉意，使王安石更容易接受。

有時候，人們會透過一些言行舉止來間接表達自己的意見。比如：嘴上說好，動作或表情相反，實際上間接表明了含義。

案例：

小張對工廠主任工作分配不公一直有意見，但工廠主任是上司，小張從來沒有與工廠主任爭吵過。有一次上班，小張騎腳踏車，在工廠門口恰巧碰到工廠主任也來上班。小張表面上打了聲招呼「你好」後，趕忙下車蹲下來檢視腳踏車，好像腳踏

車出故障了。小張直接的溝通是表面上問好，下車假裝看車從而避免和主任一起走，這就是間接的溝通，隱含了一種反抗。

值得注意的是，如果某個同事，尤其是上司與你一直透過第三方進行間接溝通，但他們實際也不是很忙，你也不是很難找的情況下，這可能是一個不良訊號。你要有意識去尋找原因，找機會爭取直接溝通，畢竟直接溝通可以獲得更多更準確的訊息。

能手篇
團隊溝通必備的基礎能力有哪些

團隊溝通能力指在團隊中，一個人與他人有效地進行溝通訊息的能力。一個具有良好團隊溝通能力的人，可以將自己所擁有的專業知識及專業能力進行充分的發揮，並能給對方留下「這個人最棒」「這個人能行」的深刻印象。

關於溝通到底需要哪些能力，很多專家和學者都給出過不一樣的解讀。溝通能力包含著表達能力、傾聽能力和設計能力（形象設計、動作設計、環境設計）。溝通能力看起來是外在的東西，而實際上是個人水準的重要展現，它關係著一個人的知識、能力和品德。

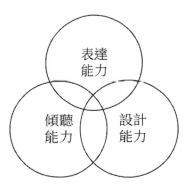

圖 4　溝通能力三要素

　　某本書將溝通活動中所需要的能力分解成「說、講、寫、行」四個層次模組；其中「說」和「講」實際上都是口頭表達能力，「寫」指的是書面表達能力，「行」指的是非語言表達能力，包括自我認知能力和設計能力。

　　《溝通聖經》（*Mastering Communication*）的作者尼基‧斯坦頓（Nicky Stanton）則認為溝通能力主要分為聽、說、讀、寫和非語言表達五個方面。

　　結合以上觀點，具體應用到團隊溝通上，我們認為溝通能力主要包括以下六個方面：自我認知能力、表達能力、傾聽能力、提問能力、情緒控制能力、設計能力。

圖 5

● 第七章　自我認知能力

　　自我認知是以「自我」作為認知對象，是個體對自己的了解。心理學認為「自我」既是認知的主體，也是認知的客體。自我概念是指你對自己所持有的相對穩定的知覺，不僅包含你的身體特徵，也包含你的情緒狀態、天分、喜好、價值觀、角色等。

　　自我認知是團隊溝通的基礎，溝通座標軸的原點。如果沒有自我概念，也就不可能與世界有所連結，自然也談不上溝通。只有明白了「我是誰」「我在什麼職位」「我的主管是誰」「我能做什麼」「我有什麼需求」「我跟要一起溝通的他們是什麼關係」些自我的判斷，我們才有可能做出合理的溝通行為。

■ 7.1　基礎：明確角色定位

　　角色原是戲劇電影中的名詞，專指劇本中的人物，不管是誰，擔任了這個角色就要按照這個角色的行為規定行事，社會關係學就是借用這個詞義表明在一定社會關係中，某種角色所約定的一套行為模式。

　　我們每個人在社會上都是多種身分、多種角色，是父母的孩子，是上司的下屬，是公司的員工，是老師的學生等等。在團隊溝通中，由於大多是職場的角色驅動，擔任某種角色，就有一套如何溝通的期待。角色不能錯位，錯位後就會引起衝突，進而影響到當事人的溝通效果。比如，某銀行櫃員王娟，其父親是某大型企業的高階主管。王娟在家裡是父母的掌上明珠，她卻把這個角色帶到了公司，經常趾高氣揚，一副高高在上的樣子，恨不得全團隊的人都圍繞著她轉，很多同事跟她無法正常溝通，她自己也感覺到了孤立。

　　值得注意的是，我們常常是藉著跟別人比較來判斷自己。因此，我們在進行自我認知的時候，要客觀冷靜些，不要過早過急地替自己下結論。同時，人都有學習能力，有成長性，且都可以在工作、生活中不斷完善與提升。

■ 7.2　關鍵：提升個人格局

　　「格」是對認知範圍內事物了解的程度，格要細；「局」是時間與空間認知範圍的大小，局要大。通俗地說，格局就是你看待事情的框架背景。

　　職場上同樣如此，不同的格局決定了不同的行為，自然會產生不同的結果。比如團隊利用週末業餘時間組織一場溝通能

力培訓，有的人認為溝通又不是我現在職位的專業，聽不聽無所謂；有的人認為，我就是普通員工一名，又不是什麼主管，學溝通有什麼用啊；有的人倒是來了，一看團隊主管沒來，坐在教室裡不停地刷手機；但也有人覺得這是難得的學習機會，是公司為員工成長提供的福利，對個人今後綜合成長非常有幫助，於是聽得很認真，互動也多，自然收穫也很多。

在我們日常工作中，一些初入職場的「菜鳥」，由於沒有工作經驗，業務不熟，總是會被安排做一些打雜的小事。有的人，尤其是一些大學畢業生，認為這些工作太無聊，於是態度上敷衍了事。有的人則認為，年輕人就是要以小事雜事和從普通職位做起，如果這些事情都做不好，又如何能做大事，承擔更大的責任呢？他們透過這些不起眼的工作，累積工作經驗，培養職業素養，建立職場人際關係；他們能擺正位置積極看待他人，妥善面對不公平，淡化所謂委屈，忍受收穫之前默默無聞的努力付出，不僅工作愉悅，也受到上司與同事的一致好評。有這樣格局的人，以後的事業發展會前途無量。

身在職場，如何提升個人格局，在團隊中脫穎而出？要具備以下五點思維。

1. 目標思維。規劃好自己的職業生涯，制定好發展目標，這個目標時間跨度要長，目光放長遠。引領好自己一步一步提升，不拘泥於一時一事的得與失，看淡一時一事的讚與批。

2. 站位思維。在日常工作中，凡事從高一個層次來看待自己的工作和表現。在員工職位，就要從主管的角度，在主管職位，就要從部門經理的視野出發，讓思維走在實際職位的前面。

3. 擔當思維。職業生涯中，越往上走，擔當的責任就越重，壓力也越多。因此遇事不怕，遇矛盾不迴避，懂得迎難而上和主動擔當，才有更多鍛鍊機會，也才容易被上級看中。

4. 學習思維。如果習慣於經驗做事，只做自己能幹的事，在舒適區內工作生活，那是很難提升的。只有養成良好的學習習慣，提升自己的理論功底，日復一日，學習借鑑成功人士的經驗和思維方式，不斷充實、更新自己的知識體系，才會有向上突破的能力。值得注意的是，提升格局不僅要自明自學自悟，也要放下羞澀心理，主動請高人名師指點。

5. 成長思維。史丹佛大學教授卡羅爾・德韋克（Carol S. Dweck）曾經在她的著作《終身成長》（*Mindset: The New Psychology of Success*）中說：擁有「成長型思維」（growth mindset）的人認為，任何能力和技能，都可以透過後天努力而得到發展。遇到挑戰時，他們更樂於接受挑戰，並且積極提升自己的能力和技能。以成長思維去關注其他同行、其他產業先進理念、思路，以好奇的心挑戰新鮮事物，尋找自己更多的成長可能性。

■ 7.3 難點：看清他人眼中的自己

在職場中，有效團隊溝通的前提是溝通者準確判斷並定位與溝通對象關係的親近度。我們常聽人說「你這就見外了」「你這就生分了」，這話的意思實際上就是兩個關係親近的人，溝通交流的方式過於中規中矩。那麼，如何判斷自己與溝通對象關係的親近度呢，以下六個方面可以作為重要參考。

1. 距離。人與人的相處都有一個安全距離。自然狀態下的開會、用餐、走路，能靠近的親近度肯定高，兩個人如果能時常有身體觸碰，比如拉手、搭肩，更能顯示兩個人的親密狀態。

2. 稱呼。人與人交往，都有稱謂，每個人都有姓名、職位、資歷，同樣一個人，可以有多個稱呼，不同的稱呼，也隱含著不同的親近關係。

3. 時間。溝通對象對你發出的溝通請求響應的時間快慢。正常狀態下，回應請求快的，親近度高；隨時接待，甚至可以中斷正在進行的事項來響應你的請求的，親近度更高。

4. 分享。同事之間如果分享過用品，包括工具，交流過各自的故事、分享過朋友圈，尤其是私人物品共用分享的話，雙方親近度肯定比較高。

5. 興趣。工作之餘，是否約你一起參與一些讀書、打牌、觀影等興趣愛好活動。在工作生活中有沒有共鳴，兩個人看問

題辦事情的角度是否一致，也比較容易判斷是否親近。

　　6. 補位。在團隊內部，同事間有合作，也有競爭，如果一個人主動補位幫助你，這個人跟你的親近度應當比那些袖手旁觀者要高。

第八章　表達能力

　　在溝通能力中，表達能力無疑是第一位的。在現代社會，如果說溝通能力猶如一個皇冠，是一個人的核心競爭力，那麼表達能力就是這個皇冠上的寶石。表達能力分為口頭表達能力和書面表達能力。

8.1　口頭表達能力

　　說話幾乎是人人與生俱來的生存技能，但如果僅僅會張嘴講話，還上不到溝通的層面。從表達能力角度看，說話要展現準確、才能和智慧，才算得上是口才。成功學大師戴爾·卡內基（Dale Carnegie）曾經說過：「當今社會，一個人的成功僅有一小部分取決於專業知識，而大部分取決於口才的藝術。」口頭表達能力強，小則可以討人歡心，順利傳遞訊息，大則可以安邦定國平天下。

1. 提升口頭表達能力綜合訓練技巧

(1) 練習優選詞句

第一，少用「但是」，多用「如果」句式。「雖然 A 事件，但是 B 事件」這種句式是團隊溝通中常見的，雖然表面上指出 B 事件，實際上已經順帶否定 A 事件。把「但是」這個詞換為「如果」，整個效果馬上就發生變化了。

案例： ⸳⸳

我們想讓員工曉麗的業績再提升，通常的表達方式是：「曉麗，這個季度你進步不小。但是工作態度再認真一點，會更棒。」我們分析一下：曉麗在聽到前半句時，可能會感覺很好。聽到「但是」後的下半句，她就開始懷疑你之前的讚美是否有誠意。對她而言，你的「讚美」只是換個方式的批評。並且，一旦她對你不再信任，就很難再有所改變。其實，我們只需把「但是」這個詞換作「如果」，整個談話立刻會變得容易被接受。看這句話的表達效果：「曉麗，這個季度你進步不小，業績有長進。如果工作態度再認真一點的話，你的進步會更大。」這樣表達效果是不是好多了？

第二，盡量用短句。短句的優點是每句展現一個意思，內容簡潔明瞭，自己說得輕鬆，對方也輕鬆，簡潔明瞭，容易取得效果。

第三，人稱代詞多用我們、我們。人稱代詞有我、你、我

們、你們、我們等。在溝通負面訊息時，「你」字陳述往往隱含著對對方做不到位的抱怨。如「你把工廠弄得太亂了」，這樣容易引起對方的防衛和牴觸，對方也不容易接受，最好調換成以「我」為主語的語言，為說話者提供一種較為準確，同時又柔和的方式來表達看法。如「我不想看到工廠很亂。」當然，在有些用「我」字的陳述中，會讓人聽起來有點以自我為中心的味道。所以，最好用「我們」這個代詞。「我們」人稱代詞的語言暗示著所溝通的話題是溝通雙方共同關心並負責的，形成一種建設性的溝通氛圍。有時候人們還把「我們」用「我們」來替代，顯示雙方關係的親密度。

(2) 改善詞句順序

表達上，因為字的排序不同而導致表達的結果截然不同，這種妙語生花的經典案例在歷史上比比皆是。

案例：

曾國藩 1854 年率湘軍與太平天國作戰，三戰三敗，幾乎全軍覆沒。曾國藩寫奏摺給朝廷，其中寫道「屢戰屢敗」，其幕僚建議將「屢戰屢敗」改成「屢敗屢戰」，字詞的排列一調整，曾國藩這個敗軍之將一下子變成了勇於犧牲、為朝廷奮戰的棟梁，結果曾國藩不但沒有被削職問罪，反而加官晉爵，升為兩江總督。中華文學博大精深，遣詞造句確實很有講究，值得好好思索研究。

在職場中，我們在表達上也應該向他們學習，把對方最關心的內容、最感興趣的價值觀擺在前面，這樣更容易獲得溝通對象的認可和共鳴。

（3）多用強勢句式

語言的交流，一般講究簡潔明瞭，但這並不是絕對地說，少說為好。很多情況下必須透過對偶、排比等句式來予以強化，從而取得更好的溝通效果。例如：

· 生活中遇到困惑，主動到演說中尋找答案；工作中遇到難題，主動到演說中尋找辦法；訓練中遇到瓶頸，主動到演說中尋找動力。

·「看得出來」，是實實在在的日常形象；「站得出來」，是關鍵時刻真實的表現；「豁得出來」，是危難時刻的堅定行動。

（4）詞句反覆

有時候為了強調事情的重要程度，我們經常透過詞句反覆來達到溝通目的。

案例：

某天晚上已經十點多了，機修工廠保全工張軍準備上床睡覺，忽然手機響了，是正在上夜班的葉戀打來的，諮詢車臺機械方面的事情。葉戀說：「你看，這麼晚了還打擾你，真過意不去，你要休息了吧？真對不起，對不起，謝謝，謝謝！」葉戀這

段話，有些詞看起囉唆重複，屬於廢話，但增強了表達效果，顯示了葉戀態度的真誠，張軍自然也就予以體諒，雙方關係得到有效維護。

上司交辦你一項工作，最後說「拜託」或者「拜託、拜託」，兩字不斷反覆增加，其含義應該是不言而喻的。

（5）隱喻

華人歷來講含蓄，不方便直接溝通的事項通常透過隱喻來表達，也就是「只可意會不可言傳」，這樣既傳遞了訊息，又維護了溝通雙方的臉面。

隱喻是一種修辭手法，是比喻的一種。通常是用一個詞、短語或故事指出常見的一種物體或概念以代替另一種物體或概念，從而暗示它們之間的相似之處，實際上也就是打比方。在溝通過程中不直接表露溝通的目的，而是藉助相關的詞語、故事、事物加以暗示和引導，引起對方思考，從而變換成相關溝通訊息。我們的生活中，到處充滿了隱喻，比如說：最近的我像一隻陀螺，轉個不停。

案例：

莊子是戰國時期著名的思想家，他一生過著清苦的隱居生活。有一天，莊子家裡米麵全無，無奈他只好拎著口袋到朋友監河侯那兒去借點糧食。監河侯正收拾行裝要外出。莊子見了他，講了借糧的事，監河侯滿口答應：「好的，好的，我正要進

城收租金呢，等我回來，一定借給你三百金，好嗎？」莊子心想：你進城一趟，來回需要一個月時間，等你回來，我一家人還不早餓死了嗎？於是他說：「監兄，剛才我看到一件事情，很有意思，你不想聽嗎？」監河侯說：「什麼有趣的事情，你說來聽聽。」莊子說：「剛才我到你這裡來的時候，走在路上聽見有求救的聲音。我到處找卻沒發現有人。原來是路旁的乾河溝裡有條小魚，小魚在叫喚呢。牠說：『我是從東海來的，現在快乾死了，先生能不能給我一桶水，救我一命啊？』我說：『那太少了！這麼辦，你再等會兒，等我去找越國和吳國的大王請他們將西江的水堵住，然後開溝挖渠將西江水引到這裡來，你就可以順水游回東海去了。你看這樣可以嗎？』誰知那條魚聽了十分生氣地說：『我現在快乾死了，只要一小桶水就能夠活下來。你的計畫雖然十分好，但等到西江水來的時候，恐怕我早成為魚乾了，先生只好到魚乾攤上去找我了。』」聽到這裡，監河侯慚愧得滿臉通紅，他明白了莊子講話的深意，便立即吩咐家人，到糧倉去滿滿地裝了一袋糧食，借給莊子。莊子面對朋友一開始的粗心並未懇求，而是以講故事的方式巧妙比喻，旁敲側擊，讓監河侯自己去領會言外之意，順利達到了辦事目的。

與人溝通，充分施展能言善辯的才能，旁敲側擊，欲說還休，點到為止，說話才能進退自如，占據主動。

(6) 巧用客套話

中華文明自古以來就是禮儀之邦，人們無論生活還是工作，在語言溝通交流時，形成了一些客套話和敬語、謙語。這

種客套不是虛偽，是禮貌和尊重，也常常表達出各式各樣的訊息和豐富多彩的思想感情，處理人際關係總能遊刃有餘，讓人喜歡聽、願意聽。提出的意見或建議也更容易為人所接受，不會說客套話的人，辦起事來就略顯尷尬了，可能會造成不必要的誤解，出現人際關係障礙，會給人留下不好接觸、不會處事的印象。

職場上一些常用的詞語，「請」「你好」「謝謝」是要隨口必說的。其他常見的還有：

初次見面說「久仰」，好久不見說「久違」。

請人評論說「指教」，求人原諒說「包涵」。

求人幫忙說「勞駕」，求給方便說「借光」。

麻煩別人說「打擾」，向人祝賀說「恭喜」。

請人改稿說「斧正」，請人指點用「賜教」。

求人解答用「請問」，贊人見解用「高見」。

求人辦事用「拜託」，請人勿送用「留步」。

賓客來到用「光臨」，送客出門稱「慢走」。

與人作別用「再見」，歸還物品叫「奉還」。

值得注意的是，客套話、敬語必須貼近溝通交流的實際，不可亂用，也不可濫用。首先，必須非常真誠地表達，給人發自內心的感覺，千萬不能隨口一說，給人留下虛情假意的印象。

2. 臨時搭訕技巧

團隊溝通無處不在，我們經常會在毫無徵兆的情況下碰到平時想見又難以接觸的人，尤其是上級主管。比如，你在等電梯時，在會場走廊或者洗手間時，突然與你始終想單獨見面溝通卻沒有機會的主管偶遇，在這很短的時間裡，要不要主動打招呼，該說什麼，對一般人而言也是考驗。搭訕的要點是：

（1）先自報家門，把自己介紹給對方，減輕對方心理壓力。

（2）尋找共同話題。每個人的社交圈實際上都是以自己為圓點，以共同點（戶籍、年齡、愛好、精力、知識層次等）為半徑構成無數的同心圓，半徑越大，共同語言就越多，容易引起對方共鳴。

（3）以對方為談話中心，不能自以為是，多交流對方關心的事。

（4）態度放鬆，首先要解決膽怯心理，然後還要學會一定的溝通技巧，激發對方參與溝通交流的興趣。

（5）注意提煉觀念，邏輯清晰，控制時間，給對方留下深刻印象。

3. 即席發言技巧

在日常工作中，無論是工作討論交流，還是一些正式會議，都有可能讓我們即席發言。如有人向你提問；有些討論內

容涉及專業你必須加以解釋說明；活動組織者邀請你講話等。做好即席發言，通常要注意以下幾點：

（1）事先做準備。了解會議的議題與目的，預先準備好數據，養成一個好習慣。

（2）認真聽取會議。不要因為自己不喜歡，或者認為沒有自己發言的環節就無所謂，否則被點到發言後，會手足無措。

（3）及時記錄整理上司或同事的發言要點，並與自己的看法進行比較。這樣如果發言，就能避免重複，甚至可以把別人的發言作為自己觀念的佐證，適當時候引用上司的講話或要求。

（4）致謝主持人提問，感謝邀請或給予機會。

（5）用小技巧讓表達更自然有力。發言前，先靜默幾秒鐘，對與會人員進行掃視，同時，讓與會人員的注意力都集中到這邊。發言中，可配合肢體語言。

（6）控制時間節奏，簡潔得體，少講空話、套話，少重複別人已講的內容，結尾總結提升有力，不能泛泛而談。

4. 預約式談話技巧

《人性的弱點》（*How to Win Friends and Influence People*）一書中曾舉過一個事例，就是但凡與狄奧多・羅斯福（Theodore Roosevelt）交往過的人，無不對他的知識淵博感到由衷的欽佩。不論是廚師、馴馬師、紐約的政客還是科學家，羅斯福都能輕

鬆地與他們交談甚歡、打成一片。羅斯福是怎樣做到這些的？其實很簡單，每當羅斯福預先要會見什麼人時，他都會在頭天晚上閱讀跟這些來訪者可能有關係的話題書籍，了解對方個性，做好相應準備，溝通自然就能取得良好效果。

　　團隊溝通中，談話者先進行預約也是常見模式。預約式談話對談話雙方都有要求，預約方一般是上司或管理方，預約方要明確傳遞出談話的時間、地點、參與人員、談話主題，最好有書面方式預約或第三人通知。

　　被預約方的注意事項：一是按約定的時間、地點去交流，如果確有特殊原因不能到場，應提前報告並提出建議。二是認真準備相關資料，重要話題要做好調查研究，做到如實交流。對於預約方工作調研性質的談話，一定要在摸清預約方真實意圖的基礎上，提出建議、建設性意見。三是如果預約方沒有明確認可，一般不反問，特別是不反問涉及一些祕密的事項。四是必要時提供書面資料、影片等予以補充說明。

　　下級也可以向上級進行預約談話，主要是約主管時間。「主管，我想等您有空的時間，來跟您彙報彙報」；「我想來跟您彙報一下部門管理上的幾點建議」等。職場中，很多下級習慣在主管辦公室門口等，有時主管比較忙，或外出開會，一等就是一兩個小時，這純粹是浪費時間，所以建議下級向上級的溝通，多採取預約式。

5. 演講技巧

演講分為正式演講和即興演講。

正式演講之前的準備環節不可疏忽。演講者要花點時間看看場地，把筆記和投影、影片輔助工具等擺好，方便使用；確定講桌和黑板、投影機或電腦之間有足夠的空間可以走動；安排好筆記或電腦的高度，以免後面老是低著頭才能看清。

演講時，先用幾秒鐘的時間瀏覽一下臺下聽眾，自信地登場。開場白內容不要太長，跟整個演講的長度比例要適當。不要太早引入高潮。如果之後的內容無法勝過開場，聽眾的興趣就會逐漸減弱。

良好的開端是成功的一半。演講涉及環節比較多，這裡著重介紹幾種開場的方式。

（1）首先說明演講的主題或標題。因為聽眾可能已經知道你的主題了，所以把主題設計得簡單好記便於引起聽眾關注。但是如果你的目的是說服聽眾，那最好不要一開始就洩漏太多。

（2）直奔主題，換位思考。對於演講的題目與內容大家比較有興趣，甚至很多人迫不及待想聽聽，那就直接切入聽者的內心，思考聽眾可能會有哪些先入為主的想法，把聽眾的內心想法說出來，也可以給予點評。如：「如果我今天坐在臺下，我可能會想，今天這場演講又是在就工作安全作精神講話。但是今天晚上，我有更寶貴的訊息要提供給大家……」

（3）講故事。把聽眾關注點吸引到自己這邊，可以講一些有趣的人和事，講一個小故事。必須說得有技巧、跟主題相關，這些人和事最好與自己切身相關，這樣才能成功引導。例如，拿自己的往事講一講，開開玩笑，往往能夠贏得聽眾的心。

（4）說笑話。幽默風趣會給人留下好印象，如果你很會講笑話，那不妨試試這個做法。但是每個人的幽默感可能會有很大的差距，人數眾多的聽眾對你的笑話會產生不同的反應，值得注意的是，笑話也必須說得有技巧、跟主題相關，簡短有趣。

（5）當地色彩。這是展現親和力的一招，往往非常有效，但是要表現出誠懇。對當地的訊息，盡量以讚賞、表揚、肯定為主，不宜挖苦諷刺。用得恰到好處可以引起聽眾的興趣與共鳴。

（6）數字刺激。互相對比的數字會特別吸引人：不必每個數字都太精確，沒有人可以輕易吸收像6、545、100這樣的數字，用數字，適當多重複幾遍，以便大家聽得更清楚。同時，不宜連續用多組數據，因為容易亂，效果不好。最好留出足夠的時間和視覺輔助工具的幫忙，讓聽眾更容易掌握。

（7）名言佳句。拋磚引玉，這應該是最簡單的做法了，而且往往也是最有效果的做法。引用的佳句應該出自知名人士，而且要跟你的主題密切相關。

（8）出其不意。不一定非得是花哨的開場，簡單的做法就是逆向思維，正話反說，然後言歸正傳，這樣也可以達到出其

不意的效果：「培訓是浪費時間和金錢……」停頓一下，讓吃驚的效果蔓延開來，然後再說：「除非培訓的目的是讓整個團隊成長，而不是只針對個人。」

即興演講也叫即席演講，是指在沒有準備或者沒有充分準備的情況下，針對某事物、場面、情景有所感觸，當場所發表的演講。正由於即興演講既沒有講稿也沒有大綱，更沒有背熟的臺詞，全靠利用大腦中的資料，現場捕捉訊息，邊想邊說，還要求做到重點突出、主次分明、條理清楚、說服力強，這就需要演講者具有敏捷的思維能力、應變能力和超強的表達能力。因此有人說，即興演講可謂是語言表達中的最高形式。

即興演講要注意以下三個方面。

一是主題集中，針對性強。一般是對眼前或者當下的事物、場景有感而發，因此演講內容比較集中，無論是敘述還是議論，都必需求準、求精、求新。

二是開門見山，直抒己見。一般不會轉彎抹角，刻意鋪陳，而是少繞彎子，直奔主題，表明看法並提出個人見解。

三是短小精悍，生動活潑。即興演講追求的是篇幅短、親民，它以趣味性、知識性兩者合一而備受聽眾的歡迎。

6. 討論發言技巧

開會發言一般有主持人、主講人、討論者和與會者等角色，視不同角色，發言注意點也不一樣。

（1）主持人的發言。會議、研討會上的主持人的責任就是主持會議、維持秩序，確保整個會議有成果、有效率。標準大型會議，主持人事先準備固定的主持詞。在沒有主持詞的情況下，主持人要臨場發揮，把控好局面。

主持人自己雖然要少發言，但是要負起「開場」的責任，確保大家依照正確順序討論各議題，並在需要時介入，提出新想法，釐清之前提出的意見、總結，提醒大家可能的後果等。主要有以下四個方面的作用：

第一，明確主題和問題。定義要清楚明確，有需要時或間隔一段時間就重複說明一次。

第二，交換和發展想法。取得證據並闡釋之，然後構想解決的辦法。

第三，評估各種可能的做法。確定有哪些可能的做法，預想各種做法的後果（時間、花費、資源等）。

第四，選擇一個做法。最好是大家共同決定的結果，形成一個會議結論。

（2）參與者的討論發言。參與者發言一般要注意以下事項：一是看會議議程是否有發言順序安排，若有，最好按指定的順序發言；二是發言要有針對性，有觀點、有分析、有實情；三是對他人的不同意見，不宜直接批評，而是闡述自己的觀點，供大會比較；四是控制時間，不能占用過多的時間，使其他人

沒有發言機會；五是切忌感情用事，情緒激動失控。

■ 8.2　書面表達能力

相對於口頭表達，書面表達要求更加嚴謹、制度化。書面溝通有四大基本原則：一是結構清晰、簡練，通俗易懂；二是邏輯清晰、條理分明；三是用詞準確、專業；四是符合行文規則。為此，我們要重點提升以下幾個方面。

1. 遣詞造句能力

經過作者的深思熟慮而得出的那些富有哲理的話語，令人回味，發人深省，充分展現了作者的思想，流傳廣泛。精闢、深邃、簡練的話語，為溝通效果的提升給予了強力支撐。

（1）錘鍊詞語

中文字博大精深，無論說話還是寫作，遣詞造句特別有講究，選擇使用積極的詞語能振奮我們的情緒，消極的詞語也會使人們自暴自棄。

案例：

某商場在當地同業中一直屬於龍頭老大地位，去年營業收入 20.2 億元，比上一年增加 1.2 億元。祕書為商場撰寫年度工作總結時寫道：在商場董事局的正確領導下，依靠商場主管員

工的共同努力，年營業收入達到 20.2 億元。工作總結資料報到總經理那邊，總經理提筆將「達到」兩字改成「突破」兩字，雖然是兩字之差，氣勢卻完全不同。

一個人如果擁有豐富的詞彙，那就可以盡情發揮，增強語言的感染力。要增加詞彙量，在日常工作學習生活中就要做有心人，時常學習和記錄下一些詞語，以備需時之用。

(2) 引用名句

寫作過程中，旁徵博引也是常見的做法。有意識地貼近文章主題，引用一些報告、名人語錄、經典名言名句，不僅能證明作者的理論水準，也能提升閱讀感知。

(3) 活學金句

金句撰寫能力也是可以練習培養的。知識網紅秋葉大叔說過，好的金句兼具形式之美和思想之深，發人深思，便於傳播。文章標題或內容中如果出現金句，將極大提升文章的質感。

練習金句，可以先根據經典名句進行仿寫開始。

首先是要學會拆解金句的結構，我們找一個金句，比如：學歷並不是一個人實力的真實展現，能力才是。這時我們來抽離這個金句的結構，×× 並不是，×× 才是。然後，嘗試用自己的語言造句，比如，寒冷的並不是今天的天氣，人心冷漠才是。這一句也是金句。

2. 邏輯結構能力

在公文寫作中，具有規定的格式和布局。如果希望溝通對象透過閱讀你的文章了解你對某一問題的觀點，那你就得釐清思路，一般按金字塔結構來組織文章。

金字塔寫作結構來源於芭芭拉‧明托（Barbara Minto）的一本著作《金字塔原理》。該書認為，「所有思路清晰的文章都具有金字塔結構」。而且，處於金字塔結構中的各種觀點之間只具有非常少的幾種邏輯關係。也就是說，好文章的一個基本特點就是思路清晰，在閱讀時不會讓讀者感到吃力。從文章的主題所包含的中心思想開始，從上到下層層鋪陳並展開觀點，從而構成一篇思路清晰的文章，這就是「金字塔原理」的基本含義。

按金字塔結構寫作，主要方法有：

（1）時間順序。即按事情發生的時間順序來整理訊息，說清楚來龍去脈，反映出事情發展過程中的關鍵點，溝通對象也容易接受。前天、昨天、今天、明天、後天的敘事法就是典型的時間邏輯順序。

（2）空間結構。即把事情按空間結構層次順序逐一進行闡述介紹，常見的空間結構邏輯層次有：從上到下、從下到上、從裡到外、從外到裡、從前到後、從左到右。

（3）分項列舉。需要表達的訊息內容各部分之間不是因果關係，也不是從屬關係，而是並列關係，可以圍繞一個主題思想

把內容一一列舉出來。

（4）因果關係。事情的起因與結果存在必然規律與連結，可以採用因果關係邏輯，其中，先說明起因然後敘述結果的方法，是由因及果法。另外一種情況是先介紹結果，然後追溯分析相關原因的方法，是由果及因法。

（5）問題導向。溝通交流從問題出發，經過思考研究，陳述見解，旁徵博引，最後得出結論，給出答案。

（6）歸納總結。先介紹一般現象、個別情況，然後總結提升出共性特徵或一般性的理論。

（7）總分模式。先介紹整體，然後分別介紹它的各個部分。

3. 注意文體規定

（1）文體不能混用。同樣是發送給上司的，但請示是向上級請求指示或批准的，報告是向上級單位彙報工作、反映情況的，兩者不能混用，諸如「關於給予外勤人員增加交通補助的請示」，不能寫成「關於給予外勤人員增加交通補助的請示報告」。

（2）用詞避免口語化，很多人不習慣將面對面交流的口語轉化成書面語言，比如 3 月 2 號是口頭語，3 月 2 日是書面語。

（3）盡量不一文多事，原則上一事一文，比如，申請給外勤人員增加交通補貼，這份請示中就不要寫外勤人員平時著裝不合規定，必須加強考核管理的內容。

　　(4) 注意行文邏輯。避免句式雜糅、語序失當等。例如：「我公司於 8 月 21 日召開了表彰優良員工和優良團體大會，董事長和其他公司的主管出席了這次會議」，這種表達存在詞語和句子的組合次序安排失當，導致改變語義或影響表達效果。容易使人誤認為是另行邀請了其他公司的人員出席會議。

第九章　控場能力

9.1　傾聽能力

有人說，我們有兩隻耳朵和一張嘴，就是要我們多聽少說。溝通是一個雙向行為，也是一個不斷互動交流的過程，在溝通過程中，透過雙方表達、傾聽、回饋、再表達、再傾聽、再回饋的互動循環交流，才能充分展開溝通，形成共識。

傾聽是非常重要的團隊溝通技能，不僅要聽清對方所講的事實和所描述的細節，也要聽懂對方所下的結論，更重要的是要聽懂對方的邏輯，知道對方所說事實和結論之間依據什麼邏輯，還要聽出對方的態度和情緒。

戴爾‧卡內基（Dale Carnegie）曾經說過，贏得他人喜愛的方式有六種，專注傾聽他人講話就是其中重要的一種。上司要懂得傾聽，方能掌握動態，做出正確的決策；下屬要懂得傾聽，才能領會上級意圖，正確地執行。當然，溝通過程中的認真傾聽，也還有鼓勵對方、增進雙方關係的作用。

綜合以上分析，我們應用在傾聽上應該注意以下事項：

1. 做出言行呼應，告訴對方在「聽」

談話時，如果一方在談話而對方不做任何表示，那麼，溝通者可能會認為對方心不在焉而中斷談話。因此，在聽的過程中，對方應當及時做出呼應表示，如點頭贊同、重述溝通觀點、總結部分談話內容、說「對」或「是」等。

衡量溝通對象傾聽的一些行為特徵見下表：

語言	1. 重複對方話語。
	2. 插句詢問。
	3. 用有感情的聲音：「嗯」「是呢」「怎麼會這樣」等表達自己的感受。
	4. 偶爾請對方停頓，重新複述一下。
	5. 適時提出意見：「我個人感覺……」
肢體語言	1. 目光間隔一段時間接觸對方。
	2. 身體姿勢適時變動，包括坐姿調整、握拳等。
	3. 面部表情跟隨對方內容而變化。
	4. 點頭給予肯定，輕搖頭部表達異議或遺憾。
	5. 書面記錄對方談話重點內容。
	6. 遞送茶杯、茶杯續水、遞送面紙等。

2. 管住自己的嘴，不要隨便打斷對方的談話

傾聽，我們首先要放下固有的想法和標籤，不要急於提建議，安慰或表達自己的態度和感受。很多人在溝通時，為了

表示跟對方感同身受，對方說個什麼事，馬上跟上去來一通議論，看似關切對方，實則是好心辦壞事。如果一個人想要別人了解他的處境，聽到的卻是安慰、建議、指責，那可能會覺得不舒服。不適當地打斷談話，對談話進行評論、發表意見，這是一種不禮貌的行為，不但使對方無法充分地表達自己的意見，同時也極可能因聽話的人斷章取義而使結論陷入片面。

3. 不清楚對方意思隨時詢問

在與他人談話時，聽的人由於多種原因，比如短暫出神、專業詞彙不熟、情況不了解等，明明沒聽懂，但限於身分、礙於面子而不去請教和提問，結果根本沒搞懂對方所說訊息的真實意思，甚至會鬧出笑話、引起誤會。不恥下問的姿態和修養，對溝通雙方都很重要。

4. 包容對方發牢騷

企業管理中有一個「牢騷效應」：人們會有各式各樣的願望，但能實現的不多，對於沒能實現的願望，難免會有不滿的情緒，對這種情緒不要壓制，說出來會更好，這會讓人心情舒暢，從而提高工作效率。

在這樣的團隊溝通過程中，我們只要傾聽，不需要出主意，也不需要給予什麼幫助，讓他們把心中的不滿發洩出來，我們要做的就是陪伴和引導。當不平之氣發洩完之後，對方會感到輕鬆許多，雙方工作上的事也就會好許多了。

■ 9.2　提問能力

　　一次成功的溝通，要讓雙方積極參與到溝通過程中，實現心與心、訊息與訊息的雙向溝通，提問是個很重要的手段。提問不僅能夠與對方充分交流，找到共鳴點，緩解對方情緒，而且也能引導對方開啟話匣，聽到更多內容。如果對方偏離主題，還可以透過提問來引導回正題。此外，不同角度的提問也能透過多種訊息比對印證，從而了解到真相。

　　常見的提問方式主要有以下幾種。

1. 限制型提問

　　給所提的問題限制一個範圍，這是一種針對性很強的提問法，直接服務於溝通者想要的答案。它能幫助溝通者在提問時，從溝通對象那裡獲得較為直接的回答，減少溝通對象繞圈子或拒絕回答的可能。

2. 選擇型提問

　　為避免溝通對象不知回答方向，主動提出一些可能的選項，既圈定了一定範圍，也給了對方一個指引與空間。當然，選項盡可能涉及兩個以上，避免遺漏重要訊息。

3. 發散型提問

　　提出一個籠統的問題，讓溝通對象結合自己的實際情況來回答，以了解溝通對象內心的關注點和看法。這樣的提問不設

標準答案，不限制範圍。漫談中尋找答案，有的是為下一步追蹤詢問埋下伏筆，再結合其他訊息予以比對佐證。

4. 試探型提問

有時，溝通者向溝通對象提出問題，並不一定需要用很鄭重的方式，一是容易引起對方警覺，二是如果被否定，自己會感到下不了臺，所以當時機成熟時，用試探的形式提出較為妥當。

5. 玩笑型提問

有些問題，提問者也拿不準會對溝通對象產生什麼樣的刺激，有些問題過於嚴肅或隱私，直截了當地問不適當。這時可以用開玩笑的口氣說出來，如果溝通對象給予否定，溝通者可以把這個問題歸結為開玩笑，這樣可以化解尷尬，維護自尊和形象。

6. 鋪陳型提問

當溝通者向溝通對象提出問題時，感覺這個問題對方可能會牴觸，可以先提出一個與這個問題相關的小問題，或者用同類的問題來摸清對方的態度，做一個鋪陳，再根據溝通對象的回答情況延伸到另一個問題。有時候，鋪陳提問要好幾次，時機成熟了，才能切入正題。

提問需要講究藝術，而且須靈活運用。有時候，同樣的要

求用不同的方式提問，收到的效果截然不同。精妙的提問可以使你從溝通對象那裡獲得所需要的訊息，從而達成你們之間的交流和互助，促成溝通交流的成功。

▌ 9.3　情緒控制能力

戴爾‧卡內基（Dale Carnegie）曾經指出，人際交流中一定要記住，人並非總是理性的，而是充滿情緒、偏見、傲慢和虛榮的。溝通當中，情緒的影響力是巨大的，就比如我們很多人學習了很多溝通技巧，但在實際工作生活中，情緒爆發後，整個人失控，那個時候的溝通將是毫無理性的，甚至只圖自己一時口快，完全不計後果。儘管事實上，當事人明明知道不應該動怒，不該發脾氣，甚至說出傷人的話後，自己也後悔。

在面對面溝通時，一個人有沒有情緒是可以看出來的，比如臉紅、出汗、流淚、顫抖、握拳、聲音變調等，這些非語言行為能傳達出情緒。要做好情緒控制，可以從以下幾個方面改進：

1. 不忘初衷，誠懇溝通

兩個人的溝通，70％是情緒，30％是內容。情緒不對，內容就會被扭曲。縱有一肚子的內容，沒有良好的情緒，說得再多也只是發洩。

時刻記住你的目標是什麼，要達成什麼結果，而不是和誰爭口舌之快。不能把溝通當挑釁，心裡想著溝通，語調卻陰陽怪氣，嘴上喊著溝通，脾氣卻比誰都大。策略性示弱，並不代表你真的弱，目的是與對方保持夥伴關係。正所謂成大事者，不拘小節，為達成自己的目標，只要不是原則性問題，被誤解也好，被嘲笑也好，也無傷大雅。

2. 學會情緒轉移

性子急躁的人，要讓大腦接受思維時慢一點，「讓子彈多飛一會兒」，遇事不要急於表態，這個平時要有意識地進行訓練，也可以透過肢體語言來發洩情緒、緩解情緒。如我們在影視作品中經常看到的鏡頭，握緊拳頭、拍桌子、扔茶杯、撕文件紙，這些實際上也讓情緒有了一個發洩口，有利於大腦盡快恢復到理性狀態。

此外，有時直接用語言表達情緒也是很有必要的，「我很害羞，我在這裡誰也不認識」「我真的很生氣」「我有點緊張」，這些話說出來不僅能緩解情緒，同時對方也能明白你現實的狀況，有利於對方做出準確判斷。

溝通中出現障礙時，學會讓自己緩一緩，先冷靜下，調整下情緒，不要急著表達和辯解。冷靜後，或許會有不一樣的想法。有時本來事情不大，但因為爆發不良情緒，反而會製造更大的矛盾和對抗。

　　觸及個人情緒觸發點時，適當回應是必要的，適當回應會讓對方更好地認識你，也會督促對方改變和你的溝通互動方式。不打不相識，就是這個道理。但要注意控制程度，話講過頭，傷人後修復很難。

3. 避免「踢貓效應」（Kick the cat effect）

　　情緒是一個人對外界事物的一種反應。情緒失控的時候，人往往心跳加快，呼吸急促，急躁焦慮，不僅影響自己的準確判斷也有害自己的身體健康。有心理學家進行過研究，一個人在憤怒的時候智商是最低的，如果這個時候急於做出決策，往往會忽視基本判斷，90%以上都是錯誤或者不是最優的。

案例：

　　某司機因故沒來準時接董事長上班，導致他上班遲到還被員工看到，影響了在公司的形象。來到辦公室，董事長心情不好，正好經理過來請示工作，董事長挑毛病把經理訓斥了一頓，讓他趕緊和客戶簽合約。經理莫名其妙地被訓斥，帶著怨氣回到了自己的辦公室，這時候下屬過來送檔案，經理就把下屬臭罵了一頓。被罵了的下屬敢怒不敢言，出來之後接到妻子的電話，說她買了一件衣服。心情不好的丈夫訓斥妻子就知道買東西，妻子的心情瞬間被澆了一桶水。好心情全無的妻子正好看到孩子在沙發上蹦蹦跳跳，就把孩子罵了一頓。被罵了的孩子十分委屈，正好家裡的貓跳了過來，孩子二話不說一腳把

貓踢開。受了驚的貓從窗子跳到了馬路上，正好一輛車經過，司機為了躲小貓，卻把路邊的孩子撞了。孩子的父親匆匆趕到醫院，和肇事司機一碰面，愣了，原來肇事司機是經理，而孩子的父親卻是董事長……

這就是著名的「踢貓效應」，描繪的是一種典型的壞情緒傳染所導致的惡性循環。因為控制不好情緒，最後報應落到了自己身上。

人的情緒確實很容易受到影響。我們每個人都是「踢貓效應」鏈條上的一環，如果每人都想著把怒火轉移給下一個人，那麼怒火只會不斷增加，最後一發不可收拾。要想杜絕「踢貓效應」，就要控制壞情緒，只要壞情緒傳播鏈上的任意一環中斷了，「踢貓效應」也就終止了。當我們受到批評、攻擊之後，不要忙著反擊，而是應該靜下心來仔細想一想前因後果，也許就能避免壞情緒進一步傳播下去。

第十章 設計能力

　　在團隊溝通中，除了語言表達能力，我們還需要懂點設計學。它包括形象設計能力、動作設計能力和環境設計能力。

■ 10.1　形象設計能力

　　形象設計能力主要包括個人品格魅力、行為示範效應、個人興趣修養和衣飾外貌。

1. 個人品格魅力

　　郭士納（Louis V. Gerstner）在他的自傳《誰說大象不能跳舞？》（*Who Says Elephants Can't Dance?*）中，談到個人領導魅力時寫道：「偉大的 CEO 會捲起他們的衣袖，親自參與解決問題的活動；他們會身先士卒，而絕不是躲在員工的身後，指揮別人做事。」實幹、謙虛、與員工同甘共苦，這些都是領導魅力的展現，天生散發出一種吸引力，使得溝通更為順暢。和藹、可親對於一個身居要職的人來說也是難能可貴的品格，這種平易近人的形象在下屬心裡產生的影響力、感召力是很大的。還

有的主管可能性格和能力不算好，但是心地寬厚、真誠待人，員工們也願意和這類主管說推心置腹的話。

2. 行為示範效應

職場中，每一個人的工作行為都是一種溝通方式，尤其是管理層行為比語言更重要，行為反映出領導者是否認真對待自己所說的話。此時無聲勝有聲，說的就是行為的示範效應，勝過言語的號召，古人云：「其身正，不令而行；其身不正，雖令不從。」說的就是榜樣與示範的作用。

人們常說，大家的眼睛是雪亮的，亮著幹什麼？就是看他們的領導者是否真正執行他所宣傳的要求，比如，部門近期工作較多，部門負責人號召大家加班加點，齊心協力完成任務。下午六點，下班時間到了，部門負責人沒有離開，一直加班到晚上九點，部門其他人員也默默在工作職位上持續工作很長時間，部門負責人就是透過自身的榜樣行為，向大家傳遞了加班努力工作的訊號，這種無言的溝通效果遠比口號式有效得多。

日常溝通過程中，行為示範確實是一種有效手段，不僅僅是語言，而且還手把手教。更重要的是在很多場合，因多種原因，不方便語言溝通，悄無聲息的行為示範就能取得很好的效果。

3. 個人興趣修養

跑步、讀書、打球、打牌、下棋等興趣活動都是職場內部、同事之間溝通交流的載體，雖然表面上看不與職業事項關

聯，但這些溝通能增進上司與下屬、同事之間的友誼與感情，便於工作溝通的展開。興趣相同的一群人，溝通起來還特別方便，特別有效，很多時候，職場人有意培養或展示自己有某一方面特長或興趣，以便以此融入自己想要進的群體中，溝通就是在不知不覺中透過這些興趣活動完成的。

4. 衣飾外貌

在日常生活中，人們常常聽到這樣的勸告，不要以貌取人，但是經驗告訴我們，人們很難不以貌取人。從審美的眼光出發，愛美之心，人皆有之，人們的認知很多時候是從第一印象產生的。一個衣冠不整、邋裡邋遢的人和一個精心修飾的人，在條件差不多的情況下去辦同一件有分量的事情，後者更容易受到善待。因此，在溝通前，如果能對自己多一點衣飾外貌的設計，就能獲得更好的溝通效果。

■ 10.2 動作設計能力

國際肢體語言專家阿爾伯特·麥拉賓（Albert Mehrabian）有這樣的研究結論：人在彼此交流中，一條訊息產生的全部影響力，7%來自語言（僅指文字），38%來自聲音（包括語音、音調等），而55%來自無聲的身體語言。在某種情況下，人們透過目光、面部表情、體態姿勢以及身體接觸等方式表達自己的情感或意願，比使用語言更為有效。

案例： ....

　　春秋時期，齊桓公與管仲商量要攻打衛國，逐步成就霸業。在退朝回宮的路上，有一位衛國出身的妃子看見他，便趕忙跪在地上，詢問衛國有什麼過失。齊桓公很驚奇，便問那個妃子為什麼要這樣問。

　　妃子回答：「看大王進來的時候，手抬臂展，大步流星，面露強橫之色，這是要攻打某個國家的跡象。大王看見我之後，臉色突然變了，這顯然是要攻打衛國。」聽妃子這麼一說，齊桓公心裡對攻打衛國產生了一些遲疑。

　　第二天早朝散後，齊桓公對著管仲作揖，並請他坐下議事。管仲還沒坐下便問道：「大王不想攻打衛國了嗎？」齊桓公問：「你怎麼知道的？」管仲答道：「大王上朝的時候對我作揖，並且語言很平和，就連說話的聲調都放慢了，面色還有一些愧疚，應該是反悔昨天的決定了。」

　　齊桓公自己並沒有說明真實想法，但周圍人透過觀察和思考，就已洞悉了他的意圖，可見察言觀色的厲害。反過來，我們在溝通中對自己的一些動作主動進行設計，會發揮出意想不到的作用。

1. 肢體語言設計

　　肢體語言在溝通中的作用非常重要，肢體語言的內容也非常豐富，同樣的動作，不同的文化背景、人員、溝通環境也代表著不同的含義。比如問候手勢語，中國人握手、日本人鞠

躬、歐美人互相貼對方臉頰。

　　動作設計主要包括：

‧ 重複（嘴上說後，又用手指點，有的還在地面上畫沙成圖）；

‧ 補充（嘴上說謝謝，同時點頭和微笑）；

‧ 替代（不願用言語表達時，聳聳肩）；

‧ 強調（談話時點頭，表示繼續）。

　　有時肢體語言往往暴露一個人真實的想法。

案例：

　　張玉是一名公司企劃人員，正在負責公司新產品的行銷方案。一天下午，張玉來到總經理辦公室向孫總介紹方案。一開始，孫總還認真聽張玉介紹。但張玉說著說著，忽然發現孫總靠在椅子上緊閉雙眼，她以為孫總太過疲勞睡著了，就輕輕叫了一聲：「孫總。」孫總睜開眼睛說道：「你繼續說。」然後又閉上眼睛。張玉看到這種狀態，明白自己的行銷方案根本沒有引起孫總的興趣，於是馬上回去修改。

　　這就需要我們透過現象看本質，從這些肢體語言中讀懂對方想要傳達的情緒和感覺。

2. 微表情設計

　　從理論上講，微表情是人類大腦的一種邊緣行為，這些細微的小動作或表情幾乎不受大腦主觀意識的控制或很少受到控

制，因此傳達出的訊息相對真實。微表情設計可以重點注意以下幾個方面：

（1）真誠笑對。溝通中要給對方展現發自內心的笑。真笑時，人臉的顴骨處的肌肉和環繞眼睛的眼輪匝肌會同時收縮，這時人的嘴角會翹起來，眼睛也會瞇起來。虛假的笑容則是透過意識調動顴骨處的肌肉，咧開嘴巴抬高嘴角製造出來的。但因眼部的肌肉不受人的意識控制，所以眼輪匝肌不會收縮。

（2）目光注視對方。目光能迅速、靈敏、充分地反映一個人的各種情感、喜怒哀樂，在面對面溝通過程中，必須高度重視目光所包含的訊息和情感。面對面的溝通交流，目光最好注視對方，表示對溝通交流的專注和對對方的尊重，當然，目光應當自然、柔和，不能死盯著，不要逼視對方，而且目光涉及範圍為胸部至頭部區間，全身上下反覆打量對方是非常不禮貌的。如果對方人員較多，目光應顧及在場的每一位參與者，環視全場，讓他們感覺到你沒有忽略他們每個人的存在。

（3）不做引起對方不快的小動作。研究顯示，人們在說謊的時候會分泌一種激素，它引起鼻腔內部的細胞腫脹，使得鼻腔的神經末梢傳出刺癢的感覺。所以，不要用手頻繁地摸鼻子，也不要抓撓鼻子，特別是抓撓鼻子的側面和耳垂下方的區域。

10.3　環境設計能力

　　溝通環境也會對團隊溝通效果帶來直接或間接影響。在一個雙方都能感到滿意的場所中，溝通過程一般會更為順暢。

1. 環境與物品

　　公司在「三八」婦女節給每位女同事送了一束鮮花，上司給下屬贈送一本自己喜愛的溝通技巧書，員工出差歸來給上司或同事帶點名產，這些物品都是溝通載體。對年長者或上司，懷舊的物品都是他們對往日的牽絆與感懷，以前非常常見的一本書、一枝筆、一只茶杯、一個小玩具，都會帶來良好的溝通效果。

　　整潔的辦公區域、員工天地壁報、企業文化標語，這些環境與氛圍都是團隊溝通中容易被忽視的內容。有些員工一進入這樣的辦公區域，就感到振奮，渾身充滿動力，這就是環境溝通媒介的動力。

案例：

　　在阿里巴巴的發展過程中，有一個非常重要的人物，就是蔡崇信。他在阿里巴巴最困難的時候，用自己在金融界的人際關係為阿里巴巴找到了投資，才使得阿里巴巴有了後來的發展。但說起他是如何加入阿里巴巴的，除馬雲的個人魅力外，應該是公司的文化環境給了他很大的推力。蔡崇信第一次到阿

里巴巴公司時，見到了令他吃驚的一幕：一個小空間中，竟然有 20 多個人在工作，地上還扔著床單等亂七八糟的東西，條件很艱苦，但從公司員工的表情中可以看出他們的愉悅心情，看出他們對於阿里巴巴的熱愛。阿里巴巴靠火熱的工作環境和氛圍打動了蔡崇信。在一個符合溝通雙方預期的環境中溝通，人們更容易達成一致。

在溝通之前，重點關注以下幾點環境因素。

· 溝通場所大小適宜。

· 溝通場所無噪音及干擾物。

· 溝通人員的座位要安排適當。

· 溝通場所的亮度和溫度要適宜。

· 備有各種必要的示範裝置。

· 重視精神環境而慎選時機。

2. 聲響與音樂

古人云，詩言志，聲傳情。音樂也包含著特殊含義，是可以用來溝通的。比如大會現場，鑼鼓喧天、鼓樂齊鳴，不僅是氣氛，更是溝通內容的具體展現。手機鈴聲、辦公室或汽車上播放的歌曲等都是溝通媒介，運用得當的話，溝通效果將會事半功倍。

高手篇
如何成為團隊溝通高手

‧‧‧‧‧‧‧‧‧‧‧‧‧‧‧‧‧‧‧‧‧‧‧‧‧‧‧‧‧‧

　　人人都想成為團隊溝通的高手，能充分地展示自我，舉止瀟灑、口吐蓮花，待人如春風拂面，面臨困難能力挽狂瀾，極得上級青睞、下級擁戴，同時擁有事業的成功和良好的人際關係。那麼團隊溝通高手都有哪些特質？如何才能成為團隊溝通高手呢？

　　我們認為，團隊溝通高手一般具有以下特徵：

　　第一，團隊溝通高手都具有綜合化、多樣化的行為反應。也就是能夠綜合應用各種表達、傾聽、情緒控制等行為反應的人。

　　第二，團隊溝通高手有能夠依據情景選擇不同溝通行為的能力。溝通高手可以針對不同的人、不同的場景，採用不同的溝通方式。

　　第三，團隊溝通高手都具有溝通表達的技巧。無論是口頭表達還是書面表達，都具有清晰性、系統性，邏輯嚴密，具有說服力。

　　第四，他們往往都具有同理心。所謂同理心，就是能夠換位思考，能夠站在別人的角度來思考問題，了解對方的想法。

　　第五，具有關心和尊重他人的能力。關心別人和尊重別人，是有效溝通的必要條件，也是團隊溝通高手打動人心的奧祕所在。

　　成為團隊溝通高手，除學習職場的基礎知識，掌握必要的溝通技能之外，最主要的是透過實戰去揣摩、演練和提升。本篇重點選取典型的團隊溝通場景，深入剖析實戰技能，幫助讀者在團隊溝通中所向披靡。

第十一章　掌控團隊層級溝通

根據團隊層級關係，我們在日常工作中經常要面臨的場景是：與上司打交道，與平級部門及員工打交道，與下屬打交道；在特殊情況下，我們還有可能涉及越級打交道的局面。因為面對的對象所處的位置不同，我們在溝通中自然要採取不同的策略，以確保達到理想的溝通效果。

11.1　向上溝通

向上溝通，顧名思義，就是和上司（主管、老闆）進行溝通。

得到主管認可是決定下屬職場發展的關鍵因素。主管手中掌握了一定的權力和資源，特別是評價下屬工作表現的權力，決定了你的調整、升降通道。無論你個人能力有多強，在公司重要性有多高，跟主管關係通暢是溝通的前提。

1. 多尊重、多了解，把「主管當客戶」

現在職場上很多人對主管都沒有一個正確的態度，要麼「怕」，遠遠望見就想溜；要麼「怨」，看不起，背地裡抱怨。再

開明的主管也很注重自己的權威，也希望得到下屬的尊重，如果你抱著「怕」和「怨」的態度，那肯定得不到想要的溝通效果。

發自內心地尊重主管，首先要消除內心的抗拒，改變對主管的看法。無論主管在你眼中多麼可怕、多麼糟糕，你都要相信，他能擁有現在的位置，就一定有過人之處，只不過角度不同，層次不一樣，有些優勢你看不到罷了；就算無法喜歡，也不妨改變心態，心裡一定要清楚，若主管發展得好，團隊跟著升值，你自然跟著受益，若主管晉升無望，你的上升空間也會受限。

其次，我們要拿出服務客戶的心態去服務主管。面對形形色色的客戶，沒有人會因為不喜歡客戶而拒絕與他打交道。把主管當客戶一樣對待，態度更客觀。

每個主管的工作風格都有不同，對工作方面的關注點也不一樣，比如：有人關注經營管理能力突出的個人，有人側重有戰鬥力的團隊；有人關注工作過程步驟，有人側重只看工作結果；有人關注工作的推進形式，有人側重工作的實質；有人關注工作的簡潔明瞭口頭交流，有人側重大事小事書面報告。主管關注的側重點不同，做下屬的也要相應採取對策。

2. 多請示、多彙報，尊重主管的知情權

《哈佛學不到》（*Beyond Harvard*）的作者馬克‧麥考馬克（Mark H. McCormack）曾這麼評價工作彙報的重要性，他說：

「誰經常向我彙報工作，誰就在努力工作。相反，誰不經常向我彙報工作，誰就沒有努力工作。」

因此，在工作中，我們不僅要學會請示、彙報工作，還要學會正確地請示、彙報工作，這就需要做到如下這幾點。

（1）主動請示、彙報。不要等老闆問了，等事情發生了，才被動介入。更不要擅自替你的主管做主，不然出了問題，最後只能由你一個人來承擔。

（2）準備充分。準備與請示、彙報內容有關的數據，以及備選方案。千萬不能一問三不知。

（3）高效簡潔。用最短的時間、最簡潔的語言向老闆彙報出重點內容。

（4）先說結論。養成結論先行，再闡述過程的習慣。便於主管掌握你請示、彙報的重點。

（5）注重過程。建立過程中的請示、彙報機制非常重要，讓主管能快速判斷你的工作能不能完成，完成到哪一步，是否有偏差，是否需要調整，讓主管做到心中有數。

（6）壞事早說。切忌隱瞞不報壞事，如遇壞事應儘早跟主管說，讓主管能知道輕重。

（7）成績多說。對於自己在工作中的成績，尤其要主動和主管彙報。隨時讓主管知道你的每一點進步和你工作中的每一點成績，主管才知道對你的培養效果和你工作能力的長進。

（8）擅用場合。機會是留給有準備的人的。平時隨時做好與主管溝通的準備，經常小結自己的工作，收集訊息，訓練技能，保持狀態，才能不卑不亢、優雅流暢地應對並取得很好的效果。實際上，很多主管平時比較忙，也喜歡利用一些碎片時間，跟下屬溝通。

3. 多交流、多回饋，掌握溝通的主動權

除請示、彙報外，我們還要增強主動性，多和主管交流談心，了解他們的真實想法，便於順利展開工作。

案例：

某銀行客戶經理王軍有好長一段時間受到主管冷落，儘管王軍在手的客戶不少，又額外行銷了一些客戶，銀行相關產品指標完成也名列前茅。但在支行工作月度會上，行長卻很少表揚他，那些平時業績差的同事，偶爾拓展了一個客戶，行長卻要單獨給予肯定。

王軍幾次想找行長談談心，了解一下行長對他的看法，幾次看到行長在辦公室跟其他員工有說有笑，王軍便猶豫起來又退縮回來。他想，銀行是以考核業績為主的，自己還是再多做幾個貸款客戶，為銀行做了貢獻，行長自然會高看他一眼。於是他幾乎每天都外出行銷拓展貸款客戶，又過了不久，幾個客戶跟王軍反映，王軍行銷的客戶數據上報銀行以後，行長總會打電話詢問王軍是怎麼找到客戶的，他個人是怎麼跟客戶交往的。銀行公司業務團隊經理職位人員選聘，王軍也不在候選人

之列，行長在銀行內部還決定抽調一個客戶經理跟王軍共同維護這些客戶，王軍聽其他同事說，行長有意特地將他調離客戶經理職位。王軍倍感失落，於是向銀行提出辭職，在辭職的時候，王軍才知道，原來有其他客戶經理經常去行長那兒告王軍的狀，說他私心重，在與貸款客戶打交道的過程中總是偷偷要好處，沒有職業道德。行長為了防止王軍做出違法違規的事情，所以一直限制和打壓王軍做業務。

從以上案例，我們可以看出主動與主管溝通具有多麼重要的意義，其實王軍是被冤枉的，他從未向貸款客戶索要過財物。但是他的同事，因為嫉妒他業績突出，悄悄在行長面前說他壞話，誣陷他。而王軍本人又從未主動跟行長溝通過自己的思想狀況、工作情況，只是不斷行銷貸款客戶。於是行長更加懷疑，造成了自己辭職出局。

除工作上的交流外，還可以找準機會增加與主管的私人交流。以在員工餐廳吃飯為例，大部分員工對主管避之不及。總有那麼幾個人，專門找機會湊到主管旁邊，或彙報工作，或家長裡短，談笑風生。那些吃飯喜歡圍在主管身邊的人，似乎真的很得主管歡心。同樣的事情你去彙報，可能被主管罵個狗血淋頭，可他們去彙報，總能得到較好的結果。即使被主管罵，也帶著提點他們的「恩典」。

這就是與主管的私交帶來的好處。其實主管大多數是高處不勝寒，處於非常孤獨的狀態，如果他發現一個員工虛心向他

請教，分享工作和生活中的點點滴滴，他也會非常樂於與這個員工交流。

當然，發展與主管的私交要有「度」，不能讓主管厭煩，也不能失去個人尊嚴。

4. 多換位，多佐位，幫助主管做好決策

作為下屬，服從上司是我們的天職，必須堅決貫徹，但這相對而言還是一種被動狀態。要學會換位思考，理解主管的苦衷，不要遇到什麼事首先去抱怨主管的不對，做到主管理虧時給他留臺階，避免當眾糾正主管的錯誤。對主管的期望別太高，盡量積極配合其工作是上策。

同時，我們也應該建立「佐位思維」，包括幫助主管了解情況、提供訊息，透過一定的溝通技巧向主管表達自己的建議或意見。如果發現主管的決策存在問題，下屬應勇於對主管直言建議，據實反映。提意見時應密切關注主管的反應，透過他的表情及肢體語言所表達的訊息，快速判斷他是否認同你的觀點。

但在「佐位」的過程中，要擺正自己的位置，不要造成「錯位」。下屬在向主管提建議或意見時，不宜得理不饒人，吵吵鬧鬧，甚至發生公開衝突，否則就是「錯位」。

5. 聽得懂，看得清，了解主管的真實意圖

與主管、同事溝通工作不是談天說地，職場中出於種種原

因，有時候往往不會以率直的語言表達自己的意見和要求，只會選用委婉暗示的話語與對方交談。有時是礙於情面和場合，有時是為了考察對方的領悟能力，有時是為了尊重對方……

以主管批示為例，下面七招教你明白主管的深意。

（1）「按規定辦理」

凡見到主管簽字「按規定辦理」，都認為是可以辦理，一般都趕快辦理。如有錯是錯在部下沒有按「規定」辦理。

（2）「請酌情辦理」

「請酌情辦理」比「按規定辦理」的意思更遞進一層，而且還有相信你才讓你辦理的意思在裡面。但是注意不要對「酌情」二字無限上綱。

（3）畫圈有學問

有的主管簽批檔案會用畫圈來代表「同意」的意思。一般人看到主管在檔案上畫上圈，就按照同意的意思辦理了。但主管不是在呈文要求辦理的「辦理」二字上畫圈，而是將圈畫在模稜兩可的中性詞或自己的名字上。如果不是圈在「同意」或「辦理」之類的詞上，一般可理解為主管還沒有同意。

（4）字少還改字型

有的主管簽字沒有批語，也不畫圈，在「呈某主管批示」幾個字下面一畫拉下來，寫上年月日，而且年月日還是阿拉伯

數字。還有的主管只簽一個姓，而且這個字的字型還跟過去他的習慣寫法不一樣，連年月日都是將別人簽的一畫拉過來的。這種情況其實很難明確主管的真實意圖，需要進一步與主管溝通，謹慎辦理。

（5）「同意請某某處理」

「同意請某某處理」的「同意」二字後面沒有逗號，也沒有字句間隔，你說我同意辦這件事也行，你說我只同意某某人來處理這件事也行。一般下級接批示後根據平時經驗或試探性請示，再去辦理。

（6）「同意辦理，如有問題另案辦理」

這種情況是辦理前另案處理，或是辦理後另案處理，存在歧義，需要再請示、確認。

（7）「根據某會議決定，同意即刻辦理」

開會前主管跟會議記錄人員交代好，一定要注意將其他主管有「同意」意思的話都寫上去，將「反對」意思的話也要記錄下來。

6. 敢說服、巧把控，合理降低主管心理預期

主管交辦了一項任務，下屬首先要明確主管對自己的期望。例如：支行行長安排客戶經理毛軍去某開發區拓展業務，毛軍這個時候要悄悄了解主管心理預期是能攬存 1,500 萬元。但是，完成 1,500 萬元是不現實的。如果我們把主管的心理預期透

過溝通調低至 1,000 萬元，這樣，同樣是完成存款 1,200 萬元，原來是完成主管預期的 80%，現是完成主管預期的 120%，效果自然是不一樣的。

怎樣來降低主管預期呢？要結合主管的管理能力、性格特徵、主管承擔的壓力等情況，做好與主管的溝通。

(1) 強調客觀條件不配套。如：這項工作不是我一個人努力就能辦成的，需要一個堅強的團隊，還有堅強信念的支撐，資金的投入，我們的資源不是很充分，我人微權小言輕，可能協調安排不了。

(2) 強調當前事情多時間緊。如：我手頭還有幾項工作未完成，正在加班加點，如果再接下這工作，時間精力根本顧不上。要不先請其他人做，如果其他人不做了，或者也沒空，那就只好我來試試。

(3) 強調自己經驗不足。如：這項任務有難度，挑戰性太強，涉及一些新專案、新業務，我自己沒有經驗、沒有把握，最好另請高明，如定下來安排給我，還懇請主管親自指揮，經常指點，我根據主管指示來操作。

(4) 強調同業競爭太激烈。如：這項工作我們沒有核心競爭優勢，只能盡力去拚搶，最終結果難說。

(5) 強調客戶要求高。如：我們這個層級的人去爭取，沒有話語權可能需要上級出面才能拿下。

當然，與主管的這種博弈要適可而止、合情合理，不能讓主管覺得你在賣弄小聰明。

■ 11.2　平行溝通

平行溝通是指平行階層之間的溝通。日常工作中，平行溝通交流看似簡單，但也不是一件容易的事情，主要原因有以下幾點：

一是溝通雙方在職級地位上是平等的，相互之間不存在嚴格的領導與被領導關係。在溝通過程中，如果出現矛盾，可以先不理會或者拖延理會對方的反應，等雙方冷靜後再處理。

二是本位利益優先的狹隘思想，不同部門總有各自不同的利益，在溝通過程中，許多人狹隘地優先考慮本部門利益和本部門的重要性，溝通雙方難以從全局來協調處理問題。

三是同職級不同工作領域不同，有的組織機構本身制度設計上就是相互制約的，或者是核查與被核查的，這也勢必引起溝通障礙。

四是同職級存在或明或暗的職場競爭以及在上級心中的影響力、工作業績影響、考核結果排名等不同，適度的競爭與考核是單位統籌駕馭各項工作的手段，但也會無形中成為同級溝通的絆腳石。當然，這與團隊的企業文化也有密切關係。

　　同級之間首先要有共同的目標，其次才是各自的分工，既需要相互支持、幫助，也蘊藏著相互的競爭、提升。在水平溝通過程中要掌握以下原則。

1. 大局利益至上

　　每個單位都有自己的核心利益、至上目標，無論是高層管負責人還是下屬機構，都是圍繞這個中心思想去努力工作，力爭實現目標的。水平溝通的個人或團隊，無論過去是否存在恩怨，眼前利益如何洗牌，都必須服從、服務於大局利益，否則，即使是耍小聰明一時得逞，溝通不暢或無效導致事業受損，哪怕不追究當事人的責任，當事人的個人或團隊利益也自然會降低。

2. 相互尊重為先

　　每個主管、每個部門都有明確的分工和職權範圍，大家既是同事，又是平級，自然必須相互尊重，以誠相待，與人為善。尤其當對方遇到挫折、受到批評時，不能幸災樂禍，而應該主動關心、支持對方。尊重是相互的，今天你敬他一尺，日後他會還你一丈，恩將仇報的小人，畢竟是極少數，在公司也不可能長期生存下去。

3. 相互支持為本

　　每個主管、每個團隊在實際工作中，是既分工又合作，相互依存的關係。「各人自掃門前雪，莫管他人瓦上霜」的思想在

平行溝通方面是十分有害的，雙方所謂「大事講原則，小事講風格」就是這個道理。積極主動配合，齊心協力地工作，才能實現共同的成長。當然，俗話說：「防人之心不可無，害人之心不可有。」我們不可麻痺大意，防止別人表態聲音大、落實行動少，甚至南轅北轍等陰招損招。

4. 對事不對人

同級之間工作當中產生矛盾是很正常的現象，在平行溝通過程中，大家的著重點是討論工作，圍繞關鍵事情來分析研討。絕不能藉著對方有失誤就盛氣凌人，以勢壓人，甚至從當前發生的事情牽扯以往事情。這當中需要的是雙方不能對各自的部下和相關工作盲目護短，對下屬彙報反映的問題，涉及其他領導或部門的，應冷靜客觀地聽取和分析，不能因為聽信偏言而產生誤判。如果雙方沒有私心，純粹就工作談工作，就事情論事情，就問題解決問題，雙方工作都會輕鬆愉快。

■ 11.3　向下溝通

管理者向下層組織或下屬員工傳送各種指令、政策，交流訊息，即為向下溝通。

透過向下溝通，管理層可以使下級主管部門和團體成員及時了解組織的目標和上司意圖，增加員工對所在團體的向心力

與歸屬感。它也可以協調組織內部各個層次的活動，加強組織原則和紀律性，使組織機器正常地運轉下去。由於位居高位者具有的威權地位，向下溝通最容易犯的錯誤是：對下屬高高在上、獨裁專橫，使下屬產生心理牴觸情緒，影響團體的士氣。

向下溝通需要注意以下幾點。

1. 以情動人

作為下級，實際上的奢望並不多，上級對下級多給予一些情感關懷，可以讓上司和下屬建立起良好的關係，尤其是能讓下屬忠誠與甘心奉獻。在交辦工作任務的時候，順便問候一下下屬的家人，提醒下屬當心自己的身體，或者先從寒暄下屬切身的一些人和事開始暖場，然後再談工作。這都是作為上級溝通中的基本技巧。

2. 讓下屬發洩情緒

任何團隊在經營管理過程中，每個人的利益都妥善處理好是很難的，也沒有辦法避免少數人員對公司或上司心生不滿。這時要學會讓員工及時宣洩不良情緒，避免問題擴大化，防止矛盾越積越深。上級要經常有意識地與下屬談談心，在安排工作、檢查工作時，也要關注下屬的表情及其他情緒符號，引導鼓勵下屬敞開心扉發出牢騷與不滿。下屬情緒理順了，工作也就好展開了。

3. 用建議方式下達任務

　　職場中，下級服從上級，下級不折不扣完成上級交辦的任務，都是眾所周知的道理，但主管在安排工作時，千萬不要以為做指示、下命令就可以了，少數主管頤指氣使、粗暴、威脅等工作方式，反而會引起下屬內心的反感。

　　針對不同下屬，以下一些話術可能更能讓下屬從內心深處接受。如「你可以考慮這個」「你認為這樣做可以嗎？」「也許我們這樣做，可能會比較好一些」「我們有什麼辦法來完成這張訂單？」「我們有沒有辦法來努力？讓我們做到比 ×× 更好」「我相信你有能力完成這個目標」「這個任務完成最需要你的豐富經驗，如果其他方面有問題，希望及時提出來，我們立刻解決」等。

　　主管在回答下屬的一些請示、意見時，要客觀、全面給予解答，不能模稜兩可，不能因怕擔責任而不做出明確意見，更不能玩權術，讓下屬去自己悟、自己猜。如果有些事情是自己這個層面解決不了的，也要如實告知，並立即積極向上級再請示、再爭取，切忌把皮球又踢給下屬。

4. 合理製造驚喜

　　在團隊中，製造一些令人興奮的事，超員工預期進行鼓勵，也是上司打動下屬的好辦法。平時對表現好、業績好的員工，大多是發獎金或提拔，但如果能臨時組織一個小型慶祝

會、頒發一個證書或特殊含義的物品、郊遊、增加放假時間、家訪慰問等，效果就會更加顯著。

上司對員工的超預期溝通，還可以從細微之處著手關愛下屬，把下屬的生日、進公司日期、住址、家庭情況、任職情況、興趣等訊息收集儲存好。「記得嗎？你來公司已經一整年。」「今天是你的生日。」這樣開頭的溝通，完全出乎下屬意料，效果肯定非常好。

5. 與時俱進，做好新生代員工溝通

隨著新生代員工入職，很多管理層對新生代員工鮮明的個性和新銳的價值觀不能適應，傳統的管理方式在他們面前不再奏效，以加薪、晉升、穩定等手段要求他們「規矩、努力、敬業」，變得相對困難。與新生代下屬溝通注意以下幾點：

（1）少一些「代溝偏見」，多一些理解和尊重。一個時代有一個時代的風向標，作為管理者，不要用老眼光看待和要求新生代下屬，對他們追求個性、自由，不喜歡被束縛的個性特徵多一些尊重，這樣溝通時才能做到有的放矢。

（2）少些潛規則，多一些公平公正。不必將過時的「職場潛規則」、不合時宜的做派奉為圭臬，管理者要盡量做到公平公正地對待每一位下屬以及他們的工作，千萬不要有偏頗，新生代員工多半是不願意委屈自己的，遇到不合理對待，他們不會輕易忍受。

（3）少一些自以為是，多一些投其所好。管理者千萬別在新生代員工面前擺架子，在跟他們溝通的時候最好選擇他們比較喜歡的溝通方式，如以遊戲思維去設定工作目標，這樣他們更願意去參與，而不是單純靠加薪、晉升的誘惑。

■ 11.4　越級溝通

分層級管理是職場許多單位的做法。逐級負責則是公司有序執行的基礎，但也常有一些工作需要進行越級溝通的情況。比如為便於工作，由組織發起的越級溝通；還有一種情況就是，溝通發起人與溝通對象間的關係比較親近或對中間層人員不滿，因而有可能進行越級溝通。

越級溝通在以下四種情況下是允許的：

1. 授權溝通。下級事先請示，直接上司批准或授權下屬越級溝通。沒有授權一般不要越級溝通。

2. 遵循工作慣例。日常工作中，有許多實際工作需要經辦人員越過自己的主管向更高層主管溝通。比如，祕書寫好文件，可以直接找主要管理者。還有些涉及層層審批簽字，都是經辦人員逐層逐級找過去彙報簽批，不存在一級一級轉報。

3. 約定單線隱祕溝通關係。少數上層主管為了解基層情況，會直接與基層人員建立單線溝通管道。

4. 上層主管公開越級溝通管道。基層人員都可以透過指定的時間、管道，比如主管接訪接待日、郵件、信件、訊息等，與上層進行越級溝通。

未經授權，不要越級彙報和邀功。越級彙報和邀功請賞的現象在很多公司都是非常忌諱的事情。事實上，下屬的這種行為並不能給自己帶來多大的好處，反而更容易得罪自己的直屬主管。

在職場上，我們經常看到這種現象，下屬由於沒有擺正自己的位置，在表態、彙報、答問等方面越位，弄得主管被動而不悅，也使得下屬和主管的關係越來越微妙，越來越疏遠。這也是下屬職場上不成熟的表現。

案例：

李娟在 2017 年大學畢業後應徵到了一家房地產公司做策劃，專業對口，工作幹勁十足。一次，總經理召集策劃部開會。當總經理在會上問到關於房地產客戶活動的策劃要點時，還沒等策劃部經理發言，李娟就迫不及待地把自己的想法做了全部彙報。當時策劃部經理的臉色就十分難看。

後來，李娟在接電話時了解到某個客戶對策劃方案的回饋訊息時，她見自己的部門經理不在，就直接把意見彙報給了總經理，總經理又傳達給了經理。經理接到總經理的訊息後，對李娟的這種行為非常生氣，於是，在部門對李娟進行工作訊息封鎖。李娟的工作由此而顯得非常被動。

　　當然，在職場中，也有人巧妙運用越級溝通搞定更高一級主管，借力於主管的主管來提升自己。有時候，你發現主管的決策確實存在一些問題，以一己之力，並不能改變主管。畢竟他在上，你在下，他是主動地位，你是被動地位。關鍵時候，如果能搞定「主管的主管」，利用好這個資源，讓更高一級的主管參與進來，事情就好辦多了！

　　這些案例告訴我們，越級溝通要慎重，但利用得當，也會發揮奇效作用。

第十二章　特定訊息的溝通

根據溝通的訊息性質或可能的效果預期，我們將溝通分為肯定式溝通、異議式溝通、批評式溝通、拒絕式溝通、補救式溝通、回饋式溝通、突發式溝通。

▊ 12.1　肯定式溝通

肯定是對事物認可或贊成的態度，肯定訊息通俗地講，就是好訊息，如：任務完成了，主管同意了，大家認可了，受到表揚了，都是肯定訊息。傳遞肯定訊息的溝通就是肯定式溝通。

1. 肯定式溝通的形式

林肯（Abraham Lincoln）曾經說過，人人都愛聽恭維話。心理學家威廉‧詹姆斯（William James）說，人類最本質的天性，就是渴求被人欣賞。每個人都期待得到讚美，渴望自己的努力得到別人的認可和表揚。肯定式溝通主要有以下幾種方式：

（1）個人表揚和集體表揚

個人表揚是領導者表揚成績突出的某個人。團體表揚是領

導者對團體進行表揚。團體表揚的優點是可以培養人們的集體榮譽感和責任感，增進團結；缺點是使榮譽分散，因此它常常與個人表揚結合起來運用。

（2）領導者表揚和公舉表揚

領導者對下屬的成績和長處給予肯定，叫做領導者表揚。這種表揚展現領導者對下屬的了解、尊重和信任，帶有權威性。公舉表揚，就是由大家推舉和評選，讓群眾代表去表揚某人某事。這種方法的好處是，能穩定受獎者在人們心中的形象，可防「領導者偏心」之嫌，更能成為大家自覺學習的榜樣。

（3）點人表揚和點事表揚

點人表揚是指領導者表揚某個人，對他的為人處世、思想品德等在整個團隊中進行全面肯定，這種表揚適用於樹立先進、模範。點事表揚是指領導者對某件做得好的事情進行正面評價，它不涉及某個人怎麼樣，而主要評價某件事的成功與意義，這種表揚，要求把表揚事和評價人區別開來，對事不對人。

（4）直接表揚和間接表揚

被表揚者在場，領導者提出表揚，叫做直接表揚，又稱為當面表揚。這種方法的優點是表揚及時，產生效果快。間接表揚，就是當事人不在場，領導者在背後表揚。當下屬對某領導者有成見、有誤解時，領導者得多採用間接表揚，往往能消除成見和誤解，融洽雙方的關係。

2. 肯定式溝通的技巧

（1）要肯定，就不要有否定

你想要表揚一位員工，就不要含有批評的味道，也不要說「但是」一類的話。又表揚又批評，對方很可能只會記住「批評」不會記住「表揚」，不會達到「表揚」的目的。

（2）公開肯定，宜對事不對人

公開肯定很容易造成「肯定一個」，卻打擊「一片」，這種情況下，當事人也不會覺得受到肯定是一件多麼光彩的事，反而造成了消極影響。公開肯定應多注重團體的價值和行為，以提升團體的能力和合作精神。所以，公開肯定要講究技巧，以表揚事來表揚人，以表揚團隊來表揚個人。

（3）公開肯定一個人，不妨先私下進行

並不是說公開肯定就一定要對事不對人，實際上，如果一個人的貢獻和業績非常突出，公開肯定也是必需的，旨在樹立一個典型，倡導一種精神，宣揚一種價值。這種情況下，最好先私下與對方談一次，提前做一些「鋪陳」，在一定範圍內形成共識，再公開肯定。這會增加肯定的「隆重」感。

（4）善於從小事上肯定，不要拔高

要想使自己能在對別人的讚揚中展現獨到之處，就要在平時留心觀察、細心思考，找出值得重視的地方。對於一些人很容易的事，對於另一些人也許很困難；當後者做到時，就要讚

161

揚。作爲領導者要經常下去走一走，哪裡有辛苦勞作的下屬，就到哪裡去，哪怕是一聲問候也是莫大的鼓勵。比如拍拍下屬肩膀，對下屬一些值得鼓勵的行爲和表現給予當面的讚許等。

（5）肯定下屬，重在收服對方的心

肯定的最高境界就是讓下屬的心爲你動起來。好的肯定一定能夠說到對方心裡去，知道對方心裡想什麼，需要什麼。比如，當下屬是一個積極上進的人時，可以把他帶到老闆面前「誇誇他」，這樣會更加鼓勵他的上進心。

■ 12.2　異議式溝通

當團隊工作中討論棘手或複雜問題時，同事間常常會有不同的意見和觀點，這種存在爭議問題的溝通就是異議式溝通。

對於異議式溝通，有以下六種方法可以嘗試。

1. 商量切磋法

解決爭議矛盾首先要從態度上讓對方感覺到對他的尊重，從心理上緩和他的固執和防衛，把命令或過於絕對的語氣改換成溫和的口吻。當你要發表不同意見時，可以先用較溫和的口吻，比如：「你覺得是不是可以換成這樣？說不定那樣會更好？你再想想。」或換成這樣：「我們能不能換一個角度來思考？你看那樣行得通嗎？」先用商量口吻對對方說，當對方仍堅持己

見時，你再用堅定的語氣也不遲。商量會讓人覺得你尊重他，即使人家不願意否決自己的觀點，也會充分考慮你的姿態和意見，並給予相應的尊重。

2. 一分為二法

用辯證法首先對對方的意見表示肯定，再提出自己的不同意見。比如，在討論怎樣搞好工廠衛生時，有人提出一個小組幹一個星期，而你覺得不妥，認為還是一個小組搞一天好。這時，你可以這樣說：「剛才 ×× 提出的意見有一定合理性，值得考慮，但我以為還是一個小組搞一天比較好。」接著，你可以具體闡明理由。先對對方做出肯定，再提出自己的見解，這樣顯得公正和客觀，也容易被人接受。假如硬邦邦地直說，很容易把氣氛弄得緊張，給人家難堪而使人家不贊同你的觀點，繼續堅持己見。

3. 故作為難法

示弱是人際交往中的一個祕密武器，「我受不了」「我很不好意思」，說出這樣的話，會使對方心理上放鬆，甚至對你給予同情與鼓勵。當發表不同意見時，可以先示弱。當你的意見與對方的意見分歧較大時，在你即將說出的時候，你可呈現猶豫不決或吞吞吐吐的樣子，讓對方有個心理準備，甚至讓對方勸你說出來：「講吧，沒關係的，有什麼不同見解都可以說。」此時，你就可以直接告訴對方：「一直以來我們的合作都很愉快，

163

我這個人也很直率，你也非常痛快，我就不客氣了。」在彼此感情交流後，再道出自己的不同意見。

4. 分析不足法

理性分析對一定的溝通對象是有效的，畢竟講理的同事也很普遍。把對方的觀點進行分析，推演出可能引起的不良後果，讓對方意識到自己方案的不足，在此基礎上，再提出自己的意見。你要提出不同意見，就肯定對人家的意見不滿意，就得說出對方意見的弊端在哪裡。

5. 藉助替代法

藉助他人的觀點和做法來代替自己的不同意見，實際上就是用例項來證明自己的正確。有時，直接說出自己的不同意見會很為難，譬如面對的是老師、長輩或上級。此時，你可藉助同類型的、對方已經熟悉的事例來替代自己的意見。比如，你可以這樣說：「老王他們也遇到過這樣的事情，他們就是這樣處理的，而且他們取得了很大成效，我們是不是可以借鑑一下？」

6. 巧當「和事佬」

如果同事之間無法達成共識而爭執不休時，你作為領導者或調解者，應理解爭執各方當時的心理和心情，不要輕率地厚此薄彼，以免使不滿情緒愈演愈烈。穩妥的做法是隻強調各方

的差異，並不是評議優劣。如果來評議，就會讓人感覺你就是上司、權威或有超越他們雙方的資歷，會讓人不舒服。

案例：

一次，某個節目安排三個家庭自主上臺，根據所選的道具自行編排和表演節目，然後讓觀眾點評。表演一結束，主持人還沒發話，觀眾席上已是七嘴八舌，評哪組的都有，評比陷入僵局。主持人靈機一動，對觀眾說：「到底哪組能得第一，還是聽聽他們本人的意見吧。」隨後他逐個詢問了三個家庭對自己登臺演出節目的感受，並按照他們的回答宣布：第一組「謙虛」第一；第二組「勇敢」第一；第三組「團結」第一。三個組都贏得了「第一」。

在主持節目時，主持人很清楚這一節目不在於排名高低，重要的是激發觀眾參與該節目的熱情。因此，在現場出現僵局時，他並沒有和觀眾一起評論孰優孰劣，而是把目光集中在了各個小組的不同點上，對各組的價值都予以肯定。最後，主持人提出了解決爭執的建議：「三個組同獲第一」，這樣的結果大家便很樂意接受了。

在團隊中，當同事因各執己見而爭執不休時，我們要透過現象看本質，造成難以緩和的僵持局面往往不是雙方的觀點本身，很多時候是彼此的好勝心。隨著環境的變化、角度的轉移，任何的觀點從另一方面來看都可能是正確的。因此，在協調時可以抓住這一點，幫助爭執雙方靈活地分析問題，讓同事們意識到彼此觀點的兩面性，進而終止無謂的紛爭。

12.3　批評式溝通

　　職場中，批評和表揚一樣，都是不可或缺的手段，但從人性角度看，人天生都喜歡聽好聽的，喜歡表揚，不喜歡批評，儘管很多時候批評對個人成長、工作任務完成有很大幫助。在團隊中，要達到溝通效果，批評也必須講究藝術性，有針對性地採取批評溝通，能讓對方接受並減少牴觸情緒和防衛性回應。

1. 批評對方十大要點

　　（1）批評的態度要端正

　　就事論事談，誠懇為了做好工作，不能藉機整人，尤其是要拿捏分寸，切記良藥苦口、忠言逆耳，要考慮對方感受，不惡語相加、不牽扯當事人其他工作表現、個人日常生活表現、家庭甚至其他人身攻擊。

　　（2）批評的時機要選擇好

　　時機主要考慮因素是對方是否有適合時間，場合是否恰當，心情是否平靜。有些批評可以在公開場合進行，有些批評宜在辦公室單獨進行，有時為了緩解對方情緒，可以到茶座、咖啡店進行交流。對方有親朋好友在場，宜留面子，不宜直接批評；對方正當喜事，也宜事後再找機會批評。當然，對於那些在其他人面前與你作對的人，批評宜公開，以牢固樹立自己的威信。

(3) 批評不可過多

　　批評就是指出對方的不足，是一種指責，但批評的目的不是指責、問責，而是希望對方能意識到問題所在，及時改正，今後不再重犯。如果把批評用提醒、鼓勵的方式表達出來，對方可能更容易接受。心理學上有個「超限效應」（Transfinite Effect），超限效應是指刺激過多、過強或作用時間過久，從而引起極不耐煩或者逆反的心理現象。用通俗的話來說就是，當你過度地對一個人做出刺激性的行為時，對方會產生非常不愉快的反應，表現出麻木或牴觸，最終使溝通起不到應有的作用。

案例：

　　有家藥店的店長，管理很嚴謹，他為藥店制定了嚴格的管理制度，員工都是小心翼翼上班。有一次，一位女店員在結帳時，未按照藥店規定的「雙人複核制度」複核，就將藥賣給了顧客。顧客回家以後才發現，藥買錯了，藥的生產廠家不對。於是顧客返回藥店調換並投訴了這位女店員。店長按照店裡的規章制度，給予該女店員 200 元的處罰，並在開會的時候當著全體員工的面，對該女員工進行了批評。事情到這裡本應該結束了。可在接下來的日子裡，店長卻將這件事當成了典型案例時不時拿出來讓員工引以為鑑，並毫不避諱地說出該女員工的名字，前前後後好多次，直到最後該女員工申請辭職，店長才明白自己的批評過了火。

　　透過以上案例，我們能清楚地認知到，批評要拿捏好「分寸」。因為如果「過度」，就會產生「超限效應」。但是如果力度不夠，又達不到教育對方的目的。

　　（4）用鼓勵代替批評

　　心理學家斯金納教授（Burrhus Frederic Skinner）以動物和人的實踐證實，當減少批評、多多鼓勵對方的時候，他所做的好事就會增加，而那些比較不好的事情會因為忽視而逐漸萎縮。斯金納教授的基本觀點就是用鼓勵代替批評。

　　在職場當中，有許多年輕人由於工作責任心不強，或者工作技能不高，缺乏工作經驗，難免會出現一些失誤。作為主管，肯定不能坐視不管或放任自流，更不能因此而對這些人灰心，大事小事都來事必躬親，這種情況下，鼓勵式的溝通顯得尤為重要。

　　（5）批評要對事

　　職場上的規則就是對事不對人，別人工作上犯了錯誤，直接跟他指出這個錯誤，可以分析批評，盡量把批評變成工作問題探討，對事不對人、不貼標籤、不上綱上線。尤其不要動不動往「你這個人就是沒有責任心」「我從來就沒看好你」「你這個人就是成不了大事」這些方面說，那不僅傷人，而且全盤否定當事人，也不會取得什麼效果。

　　批評也不能總抓住一件事情不放，並用同樣的方法重複著相同的語言。也不要翻舊帳，反覆批評歷史錯誤。要適當從不

同的角度去引導員工認知到自己的錯誤，做到循循善誘。提建議、提希望，讓對方心悅誠服，迅速改進到位。

（6）自我批評和批評相結合

批評作為一種溝通方式，要在平等尊重的基礎上，對方才能更容易接受。先進行自我批評，會增強批評效果。比如：「這事我也有一定的責任。」先承認自己的錯誤再提及別人的錯誤，這樣更容易被人接受。

案例：

加拿大有一位工程師叫蒂里斯通，他的祕書在抄寫他的口述信時，每頁都會出現兩到三處拼寫錯誤，這讓他很頭疼。他該怎麼辦？

這位工程師想了個辦法，在祕書打字時他就坐在她的打字機旁，對她說：「我和其他工程師一樣，也總會犯拼寫錯誤。但為了避免這樣的事情發生，我會隨身帶著一個小本子，及時記下我拼錯的詞。」同時，他開啟隨身帶的那個小本子，翻到某一頁指給她看，並說，「有時客戶會在信件裡批評我的拼寫，錯誤的拼寫讓我顯得不專業，所以現在我對拼寫特別重視。」

祕書沒多說什麼，但那次談話後，她的拼寫水準大大提高了。

（7）三明治批評法

《西遊記》中，孫悟空被唐僧錯怪誤打妖精後回花果山了，佛祖對孫悟空說了這樣一段話：「你這潑猴一路不辭辛苦保護師

父西天取經，這次何故棄師獨回花果山不信不義。去吧，我相信你定能發揚光大，一定能保護師父取得真經。」孫悟空聽到這番話後，又重返唐僧取經團隊。

如果把佛祖這段話拆解開來，是三層意思：

第一句是對過去工作的肯定；第二句是對這次行為的批評；第三句是對未來的信任。

這三層意思蘊含著巧妙的奧祕，就像三明治，上下各有一塊麵包片，中間是重要的肉，疊在一起最好吃。批評別人的時候，在批評時前面加一句肯定的話，後面再加一句寄予希望和信任的話，他會感覺舒服和容易接受。

批評時，盡量在低的層次，如「你這次指標完成得不好」（批評行為）；表揚時，盡量在高的層次，如「指標完成得好，你真是個優秀的員工」（表揚身分）；如果既表揚又批評，那麼表揚的層次一定要高於批評的層次，如「你這麼勤奮的孩子，這次的指標怎麼沒完成」（先表揚身分，後批評行為）。

(8) 盡量減少當眾批評

不要在很多人面前責備下屬，每個人都是有自尊心的。當有第三者在場，即使用溫和的方式批評，也可能會引起這個人的怨恨或者牴觸情緒。公開大會批評或檢討那是下策，更不能讓大家群起而攻之。最好的方法就是在眾人面前誇獎他，在暗地裡指出他的失誤所在，這樣更能夠讓下屬心服。

(9) 不能以權勢壓人

有些主管或職場資深人員仗著自己的位置、權力和資歷，批評別人總是厲聲喝斥。要不就是張口「我撤了你的職！」，閉口「我開除你！」這種溝通，當事人會感到自己的尊嚴和人格受到了侮辱，哪怕你批評得再有理，當事人心裡也不會舒服，感情上難以接受。

(10) 批評要實事求是

有些人性子急，聽到他人的一些反映，結合自己原有的印象，就對某某人進行批評，聽風就是雨，道聽塗說或妄加揣測，沒有經過仔細調查考核，就急呼呼批評人是不妥當的。當對方具體詢問到底何處何事有錯誤時，也說不出個所以然，只好用「我也是為了你好」「有則改之，無則加勉」來搪塞，實際上會引起當事人內心的反感和不滿情緒。

2. 接受批評五大要點

對於受到批評的一方，在溝通過程中也有許多值得注意的地方。

(1) 認真傾聽，讓主管把話說完

如果主管批評你，不管批評得對還是不對，無論你是否從心裡認同這次批評，態度上都要顯得誠懇，千萬不要打岔，要靜靜地聽主管把話說完。同時，一定要注意非語言因素，也就是要注意動作、表情，千萬不要讓主管感覺到你不願意繼續聽下去。

妥善的做法是：目光直視主管的目光，身體稍微前傾，面部表情要和善，充分表明你在很認真地聽取他的諄諄教誨，有的人還用筆適時記下主管的講話要點。在一般情況下，如果主管批評不當，你可以進行恰當的「辯解」，但不能文過飾非、胡攪蠻纏。

（2）感謝主管的誠意

主管批評就是關注你，就是點撥你，不管主管的批評是不是有理，作爲下屬，首先必須表現出你接受批評的誠意。

如果主管對你的批評是出於一種誠意，你的態度是會讓他感到欣慰和滿足，主管的態度也會漸漸緩和下來，今後也會更加器重你。

（3）引導主管說得更清楚

當主管批評你的時候，你應該控制情緒靜下心來，盡量引導主管說出他批評你的理由。問題講得多而具體，你也可注意整治，同時會洞察到更多的真相，有利於你了解主管的真正動機或主管的訊息管道，從而找到更有效的解決問題的方法。

也有些主管批評下屬的時候，沒有一個具體的事情或含糊其詞，或藉口傳言，或明話暗說，讓人捉摸不透。遇到這種情況，你就應該讓主管把想說的話都說完，這樣你才能清楚主管批評的要點所在。

(4) 不要頂撞，要使主管感到受尊重

主管之所以批評下屬，就是因為他認為你有值得批評的地方。聰明的下屬是很明白這一點的，他們會善於利用主管的批評，從中化害為利。

因此，即使主管的批評是錯誤的，下屬只要處理得好，很多時候壞事也會變成好事。千萬不要動不動就牢騷滿腹，圖一時口頭痛快，往往就會和主管的關係進一步惡化。

(5) 感恩表態，讓主管感到批評已獲成效

向主管表態，不僅要感恩主管關心，自己也要好好反思。根據主管的要求，制定有效可行的方案，爭取做得更好，不辜負主管的期望。需要特別注意的是，無論主管批評得對與錯，事後都不要和同僚、下屬發牢騷，反駁痛罵主管，如果他人把你這些話傳遞到主管面前，不管你對與錯，主管一般都會放棄你的。如果主管批評的事情與真實情況訊息差異大的，可以後續單獨面談，採取他人轉告、資料彙報等方式進行溝通。

■ 12.4　拒絕式溝通

顧名思義，拒絕式溝通就是委婉拒絕不合理、你辦不到的事情。通常來說也有兩種情況，一種是如何拒絕主管，另一種是如何拒絕下屬或同事。

1. 合理拒絕主管九大要點

　　職場工作中，主管經常會給下屬提出要求，並希望下屬能按要求去做。但是，限於主管的角度及立場，這些要求在下屬看來不一定都是正確合理的。面對這樣的情況，做下屬的總是很為難：接受要求，卻因現實情況限制不能按要求完成任務，或者本職工作已繁忙不堪；而超出本職的要求，只會讓自己心力交瘁；直接拒絕又往往會導致主管不愉快。這種情況下唯有採用巧妙的方法委婉地拒絕才能扭轉局面。

　　（1）永遠不要當眾拒絕

　　當眾拒絕主管有很多弊端，會顯得自己狂妄自大，不把主管放在眼裡，最主要的是挑戰主管的權威，這個性質比不能完成工作任務還要嚴重，會為自己日後的發展埋下隱患。

　　（2）延時拒絕

　　即便是主管與你兩個人單獨在一起，當場直白回絕，也是有傷害的。絕對不要在第一時間說「不」，如果這是一件你不願意做的事，暗中拖延也許是最好的拒絕辦法。如：「我來想想辦法，能不能辦成，我回家再商議商議盡快給您答覆，您看這樣可以嗎？」這種拒絕相對來說主管更容易接受。

　　（3）假設拒絕

　　當主管所提出的要求你無法辦到時，你還可以用假設的方法，虛擬推演出一個按他的要求可能產生的後果，這樣的後果

是他所不能接受的。這樣，他也不會勉強你了，但這種拒絕不是由拒絕者說出來的，而是在拒絕者假設的引導和啟發下由被拒絕者自己得出結論，因此不僅不至於引起不快，反過來還可以給被拒絕的主管以啟發。

（4）幽默拒絕

幽默是溝通中的神奇工具。在拒絕主管時，採用幽默的方式往往能使主管對你的委婉回絕心領神會，從而避免了尷尬。幽默邏輯與一般邏輯不同之處在於它並不像一般邏輯那樣運用概念、判斷、推理來證明，而是透過隱喻溝通彼此的情感以達到交流的目的。

（5）反守為攻拒絕

主管向我們提出請求，我們以完成此項任務必需的幾個條件為由，向主管提出來，反守為攻，如果主管不答應，無形中也幫我們婉言拒絕了。主管答應了，自然也不必拒絕。

（6）模糊拒絕

生活中大家可能都有過這樣的經驗，當你提出某種要求時，對方既不馬上反對，也不立即贊同，而是耐心細緻地與你談些與主題有關但又模模糊糊的問題，整個談話像籠罩在「煙霧」之中，最後你都不明白自己是怎樣被拒絕的，下屬想要拒絕主管時，不妨也採取這樣的方式，在模糊的語言環境中達到拒絕主管又不傷害主管自尊的目的。

（7）轉移視線拒絕

在主管對自己有所請求時，如果確有困難，但為了不傷害主管，我們可以站在對方的位置思考問題，幫助其分析利弊得失，然後以維護對方利益為出發點，提醒對方能否把這項任務交給更適合的 ××，極力推荐 ×× 以轉移主管視線，無形中拒絕了主管，也沒傷害主管。

（8）自嘲式拒絕

下屬在面對主管的請求時，學會自嘲，在自己身上找一個與之相關的缺陷做藉口，用風趣的語言自我嘲諷一番，向對方暗示自己不情願也不適合答應其請求，達到拒絕主管的目的，讓他知道你不是不想答應他的請求，而是力不從心。這樣，雙方都有面子，主管自然能接受你的拒絕之請。

（9）糾偏式拒絕

對於一個有成熟領導力的主管，在多數情況下都是能理解下屬拒絕的狀況的，因為，他們也曾經是下屬或者他們現在也正在做別人的下屬，所以，在某種意義上，只要你有充分的理由，並運用了巧妙的方法，他們是可以接受你的委婉拒絕的。

案例：

某公司總部要從郊區搬到城市中心的一棟大廈裡，該公司行政助理負責與大廈業主談判、訂合約、招標等事宜，另外還

負責徵集室內平面設計方案、完成裝修等事宜。根據以往的經驗，完成搬家至少需要六個月的時間。

就在搬遷工程開始運作時，公司走馬換將。新主管是個雷厲風行的人，性子比較急。當他了解到搬遷需要半年時間時，便對行政助理半開玩笑地說：「如果兩個月完成搬遷，我會認為你很棒，四個月內搬遷，我會認為你『還可以』，六個月的話，我會跟你說『再見』。」

玩笑歸玩笑，這位助理明白了搬遷工作的確需要加快速度，但無論如何也不可能在兩個月內完成。可是，他也不能直接對新主管說：你要求兩個月完成搬遷，這是不可能的。幾年的職場經驗已讓他明白這樣說不會有什麼好後果，他只能透過其他方法來說明。於是，他花了幾天時間精心製作了一個完成搬遷工作的時間進度表，將之交給新主管，並敬請主管看看各項工作安排是否妥當。他後來又與公司上層多次討論，最終確定了一個能夠盡快解決問題的時間進度表，而新主管再也沒有向他說起「再見」的事。

如果主管在未全面了解實際條件的情況下，提出不合理要求，千萬不要說：「以現有的條件，這不可能實現。」而應該說：「我很高興做這件事。但在做之前，希望您了解我正在做的工作，以及我為這項工作做的計畫和一些調整。您對此有什麼建議呢？」數據最有說服力，採用可靠的數據，讓數據和事實幫你說話，才有可能讓主管收回他的不合理要求。

2. 拒絕下屬或同事三大要點

除委婉拒絕主管要求外，有時我們還得委婉回絕同事、客戶或下屬的要求。主要注意以下幾點。

（1）不要把責任推給他人

不能對同事說：「這個不關我的事，都是經理一人說了算，我無能為力！」

雖然這樣能將責任推給上一級，自己暫時沒有問題了，但同事會對經理產生怨氣，經理以後得知這一情況，必然對你也沒好印象。而且，一旦同事明白你是在推卸責任，肯定會對你產生極大的反感，信任也會受到損害。正確的態度應該是動之以情、曉之以理，使同事真正心服口服。

（2）不要拒絕對方所有請求

對方提出一系列請求，我們認為不合理，必然會予以否定。但如果全盤否定了，對方可能會感到沒面子，從心理上接受不了，溝通效果不會理想。比如某集團安排一名總經理到下屬公司掛職，該下屬公司據此提出增加一輛業務用車，增加交通費、通訊費、午餐費補助等請求，管理部門不同意，經過多輪交鋒，最終，安排每月增加一些交通費用，才解決了這個問題。

（3）拒絕時給建議

當面否定與拒絕是傷面子的事，因此對於對方不合理的訴求，我們在溝通時要注意方式方法，要在說明拒絕理由的同

時，給對方指出改進的路徑，比如：「你回去重新修改一下方案」「你找某某再彙報一下」等。下屬雖然被回絕，但他能夠清晰地感知如何改進，這會大大削減被拒絕帶來的挫敗感。

12.5　補救式溝通

人有失足，馬有失蹄，人非聖賢，孰能無過。亡羊補牢的成語可謂家喻戶曉，大家都知道亡羊後在於怎樣把牢補上。如果我們在人際溝通中，能夠自我意識到或他人指點出錯誤，應立即採取補救措施。

1. 得罪主管後的五大補救要點

（1）反思問題的根源

如果發現得罪了主管，不妨靜下心來仔細分析一下，看看問題到底出在哪兒：是自己平時恃才傲物、鋒芒太露冒犯了主管，還是因為自己說話方式不當讓主管遭遇了尷尬，或是因為自己工作的問題連累了主管……經過反思，如果問題確實出在自己身上，就要趕快採取措施加以補救。

（2）主動找時機求主管諒解

下屬最好是自己主動伸出「橄欖枝」。假若是自己的原因，你就要有認錯的勇氣，向主管做解釋，表明自己會引以為鑑，希望繼續得到主管的關心和指導。假若是主管的原因，可以在

較為寬鬆適當的時候，以婉轉的方式，把自己的想法與對方溝通一下，你也可以說明是自己的一時衝動或是方式還欠周到等原因，請主管諒解。

這樣既可達到相互溝通的目的，又可以為其提供一個體面的臺階下，有益於恢復與主管之間的良好關係。

（3）多場合表現尊重

即使是開朗的主管也很注意自己的權威，都希望得到下屬的尊重，所以當你與主管發生衝突後，不妨在一些輕鬆的場合，如會餐、聯誼活動上，向主管問好、敬酒，表達你對對方的尊重。主管會因此而記在心裡，然後排除或是淡化對你的敵意。

當需要向主管道歉時，下屬可以巧妙運用修辭，對主管表達歉意，讓主管從你的妙語中感受到你的歉意，從而原諒你的過失。

案例：

南朝梁有個大臣叫蕭琛，能言善辯。在蕭衍還沒有稱帝時，他就與之交好。後來蕭衍當了皇帝，兩個人之間的關係還是很親密。

有一次，武帝蕭衍舉行大型宴會，蕭琛也參加了。酒過三巡後，蕭琛有些醉意，就倒在桌子上。武帝見了，就用棗子投他，正好打中蕭琛的頭。蕭琛抬起頭，竟然不假思索地拿起食品盒裡的栗子向武帝投去，正好打中武帝的臉。這時，旁邊的官員都看到了，嚇得大氣不敢出。

武帝的臉也一下子沉了下來，剛要動氣，蕭琛急忙說道：「陛下把『赤心』投給臣，臣怎能不用『戰慄』回報呢？」武帝一聽，轉怒為笑。

這裡，「赤心」是借用棗的形態做比喻的，「戰慄」則是借用了「慄」的諧音。可以想像如果蕭琛不能機智快速地反應，及時想出應答辦法，等待他的豈不是大禍臨頭。

(4) 尋求外援，從中協調

如果自己無法改變主管的態度，則可以找一個私人關係較好的部門其他主管，或是在主管面前能說得上話的人當「和事佬」，從中協調，說不定和主管的矛盾就會「大事化小，小事化無」。

當你的過錯嚴重、對方對你成見很深時，直接當面道歉肯定會被對方劈頭蓋臉地訓斥一通，這時候對方只會發洩情緒，而難以接受道歉，所以最好透過第三者先轉達自己的歉意，讓對方先消消氣，然後等對方心情稍有平靜之後，再親自道歉。

這種技巧使用起來有兩個關鍵之處：一是選擇適合的第三者，最好是主管信任的人；二是你與第三者的交談一定要恰到好處地表達歉意，並且讓第三者明白你的良苦用心。只有這樣，第三者才會替你轉達歉意，主管也才能準確地領會你的歉意，進而諒解你的過錯。

(5) 向主管道歉

下屬一旦發現自己做錯了，一定要及時地、真誠地向主管表達歉意，道歉，不只是簡簡單單「對不起」三個字，這是一種

心靈美的外在表現。勇於道歉的人也是善於體諒別人，善於設身處地地為他人著想的人。這樣更容易得到主管的原諒。

在道歉時還要注意一下四點。

（1）道歉要真誠，要有深刻反省的表現，不能輕描淡寫，不能口是心非。尤其是在非語言溝通的相關表現上，表現的隱含內容要與語言溝通的內容一致或相呼應。比如，嘴上說很內疚、認錯，如果面部表情是滿不在乎，溝通對象看到後，可能不會從內心接受你這樣的溝通。

（2）將道歉寓於讚美中。下屬在道歉的時候，稱讚主管，讓其獲得一種自我滿足感，知道自己是正確的、你是錯誤的，這樣能輕而易舉地獲得對方的諒解。

（3）道歉要別出心裁。直接道歉，在某些情況下可能會使自己和主管都產生尷尬，造成不太好的局面，但如採用巧妙別緻的方式道歉，可以使主管在驚訝感動之餘不計前嫌，欣然接受。

（4）道歉方式靈活掌握。道歉要視錯誤性質及涉及面來決定溝通方式，有的可以電話、訊息致歉，有的要登門檢討，有的則寫出公開的檢討信，也有的適合透過第三者轉告自己的意圖和打算，當然，我們也能見到有的人專門安排飯局，請相關人員到場，自己當面承認錯誤並敬酒致歉。

2. 對下屬發火後補救重點

有時候主管遇到下屬犯錯，難免也會怒髮衝冠。但發火不

是目的，讓他們知錯就改，重拾信心，繼續努力才是根本。因此，發完火之後，要做好補救溝通，消除被罵者的怨氣和委屈，繼續贏得他們對主管的尊敬和忠誠，這就是所謂的「打一巴掌給顆糖」。

案例：

有一次，松下幸之助勃然大怒，大會上狠狠批評了一位員工。等氣消了之後，他為自己的行為深感不安，因為那筆貸款發放單上自己也簽了字，員工只是沒有把好稽核關而已，因此他自己也應負一定的責任，不應該那麼嚴厲批評員工。

他想到這些後，馬上打電話給那位員工，想誠懇道地歉，恰巧那位員工喬遷新居，松下幸之助便登門祝賀，還親自為員工搬家具，忙得滿頭大汗，令員工深受感動。

然而，事情並未就此結束，一年後的這一天，這位員工又收到松下幸之助的一張明信片，上面留了一行親筆字：讓我們忘掉這可惡的一天吧，重新迎接新的一天的到來。看到松下幸之助的親筆明信片，這位員工感動得熱淚盈眶。從此，他再也沒有犯過錯，對公司也忠心耿耿。

松下幸之助對待下屬員工的補救溝通方式多種多樣，且非常真心，值得我們學習。在現實工作中，我們需要視問題性質及溝通對象的個性特徵予以個性化處理。有的人心眼小，膽子小，主管一發火，往往嚇得半死，這時，主管可以過幾天等他平靜下來再找他談心或者透過第三方進行間接溝通，做好安撫

與解釋工作。有的人心有餘而力不足，忠於主管，但好事辦成壞事，以後有機會安排與這樣的人一起單獨參與一些活動，以示對他們的信任和親近。有的人死要面子，對主管的發火耿耿於懷，開啟這種人心結的一種辦法是重視他們的表現，找機會予以表揚。當然，也有一些人粗枝大葉或比較佛系，他們不管什麼事都不大往心裡去，跟他們進行善後的溝通就相對簡單，見面說幾句話、握握手、拍拍肩膀，也許就過去了。

■ 12.6　回饋式溝通

回饋原來是物理學當中的概念，後來引入到管理學中，回饋是管理中的重要環節，此外，團隊工作在專案進行過程中和結束後，隨工作流程，及時向主管部門或上司、參與者，給予及時的回饋。

對主管交辦的任務以及團隊重點工作，承辦部門和人員應定期向主管進行回饋或溝通，這樣既能讓上級及時掌握進展，也能及時給予指導，避免走彎路，協調資源給予支持，提高效率。

年度結束進行考核，重大專案或任務完成後進行總結，都應該有一個給當事人回饋的溝通，大家也都知道這一點。但在實際工作中，卻很少有人能有效執行。原因是多方面的：一

是對回饋溝通的重要性不夠了解，認為反正一年已經結束，工作已經完成，評級結果也有了，用不著再花精力專門來單獨進行回饋溝通。有些公司則是安排相關人員直接在考核表上當事人、回饋人各自抽空簽字，表明走完了回饋這個流程。

二是不知道如何進行有效回饋溝通。按標準，回饋的內容需要總結和肯定對方成績與突出表現，也要指出不足，提出整治建議。如果溝通不妥當，反而會引起對方產生反抗情緒，甚至影響雙方關係，達不到預期效果。但有一點是肯定的，良好的回饋溝通，對當事人的進步與成長的作用是巨大的，對公司形成風清氣正的良好文化也是非常有益的。

進行回饋式溝通，要注意以下幾點。

1. 充分了解回饋對象

回饋人不僅要認真閱讀相關部門提供的個人自我總結、部門鑑定等書面數據，也要盡量接近回饋對象，觀察了解回饋對象的成長經歷、性格特徵、言行舉止，形成一個血肉豐滿的人物印象。沒有這些基本功，回饋溝通則會變成乾巴巴唸書面資料的形式，肯定不會有好的效果。

2. 靈活運用溝通形式

常見溝通的各種形式都可以用在回饋溝通上。一對一面談、一對多團體面談、電子郵件、信件回饋等都可以，一般工作中以一對一面談式溝通為主，回饋式溝通所涉及內容是一個

嚴肅的話題，一般安排在回饋人辦公室或會議室，回饋人時間比較緊的情況下，按照下級服從上級的慣例，可以採用時間空隙就近場所進行。也有一些採用非正式溝通模式進行，溝通方式就非常靈活了。

3. 注意表達方式

回饋是對一個人工作學習表現的階段性總結、評價的告知，一個人的表現相對而言一般都有好有差，差的要批評，好的要表揚，批評不能打擊積極性，表揚不能讓人自滿翹尾巴，所以一要表達客觀，二要避免直白式實話實說，三要探討解決問題的方案。本書後面章節所介紹的一些溝通技巧，可以因人而異靈活運用。

口頭報告不僅讓上司了解下屬完成工作的情況，也提供了直接讓上司了解下屬的機會，因此，彙報工作的下屬應該高度重視這種彙報方式。

案例：

余先生曾是某管理顧問公司的首席顧問。一次，總部的主管要帶客戶去余先生所在地的一處小島出差，要求住宿房間連在一起，還要面對太平洋。余先生於是打電話去問。但是一間都沒有，他馬上傳訊息給總部主管，主管回答了兩個字：「了解。」他繼續尋找，找到了兩間，一個飯店一間，他馬上傳訊息給主管：現在找到兩間，可惜不在同一個飯店，但我還是會繼續努力地

找。主管的回覆仍然是「了解」兩個字。經過一番努力，余先生終於找到了同一個飯店的三間房，但仍缺一間。余先生傳訊息給主管，回答依然是「了解」。最後余先生坐小飛機飛到小島，自掏腰包，把三間套房隔壁的一間給換了過來。這時候余先生傳訊息給主管說：四間套房全部找到，在小島的綠島飯店三樓，連在一起，面對太平洋。主管回覆多了兩個字「謝謝」。沒多久，總部主管帶著客戶到了，主管輕輕地拍著余先生的肩膀說：「謝謝你的努力！」這讚賞是對余先生工作的肯定。這件事中余先生跟主管溝通了多次，主動報告他的工作進度。雖然他自掏腰包花費了他半個月的薪水，但是作為回報，他很快就得到了晉升的機會。

身為下屬，經常地向主管報告，讓主管知道工作進度，讓他放心，才能讓主管對下屬產生好感。只有掌握了一定的彙報技巧，在與主管交流的時候下屬才會感到輕鬆自在，不至於那麼束縛，也不會擔心自己因為哪天不小心說錯了話，斷送了自己的前程。

■ 12.7　突發式溝通

近幾年來，突發事件層出不窮。隨著社會治理、公司管理的日趨科學化與標準化，對突發事項的管控也比較嚴格，很多產業、公司都有重大事項報告制度，對一些突發事項都有明確報送時間要求。以銀行業為例，監督管理委員會專門發表規定，對報

告範圍、標準，報告時限和方式，報告處理和回饋，考核與問責都做了具體規定。報送的主要內容有：突發事件基本情況、已經產生的影響和損失、應對情況與輿論反應、下一步處置措施及態勢研判等，這些內容值得參考。突發式溝通的要點是：

1. 實事求是，不隱瞞、不誇大。特別是對情況沒有完全清晰的，報告要準確。

2. 迅速及時，講究時效性，尤其是現在自媒體發達，訊息傳播非常快，要讓溝通對象尤其是公司主管第一時間了解到真實情況，防止溝通對象被一些不準確的訊息誤導。

3. 持續溝通。突發事件發生後，會有一個持續變化的過程，剛開始報送的訊息，經過一段時間已發生變化，需及時持續溝通，不要以為一報了之。

4. 靈活使用多種溝通媒體。情況緊急時，可以先以電話口頭訊息進行溝通，然後再使用書面溝通。當然，最終效力以書面溝通方式為準。

當然，一般具體團隊內部突發的重大事項畢竟很少，倒是需要我們對一些苗頭性突發事件給予高度關注，並與相應層級人員溝通，千萬不要以為事不關己，高高掛起。比如，外部高層主管突然來視察、執法機關來辦案、下班乘坐電梯聽到電梯不正常的響聲、一群人突然到部門上訪等。

第十三章　提升溝通對象認同感

有句古話叫「情人眼裡出西施」，說的是對於我們喜歡的人，我們看到的都是優點，即使出現錯誤，也常常會從心裡為他找理由，主動諒解。實際上，這是我們的認同情感在溝通中潛移默化發揮著作用。

羅伯特・B・西奧迪尼（Robert B. Cialdini）在《影響力》（*Influence: Science and Practice*）一書中指出，我們大多數人總是更容易答應自己認識和喜歡的人所提出的要求，我們喜歡與自己相似的人相處與溝通，不管相似之處是在觀點、個性、背景還是生活方式上，我們總是有這樣的傾向。因此溝通要達到預期效果，除溝通的訊息內容之外，溝通者對對方的認同特別重要。

提升溝通的認同感，主要注意以下幾點。

■ 13.1　背景認同

1. 同鄉情結

中華文明自古就是一個人情社會，因地緣關係形成的情感紐帶自不必說。同鄉見同鄉，兩眼淚汪汪。為什麼會淚汪汪呢？這就是一種家鄉情感。

2. 懷舊情結

懷舊是我們常見的心理現象，人們總是對過去經歷的事情，工作生活過的地方或者相識的人和事，有著較長時間的留念，在內心深處留下了不同程度的印記，在以後的工作生活中，只要觸碰到，就會產生特殊的感懷和反應。這也是我們在溝通過程中，透過捕捉、誘發來增進情感認同，從而提高溝通效果的抓手。

3. 其他共同歸因

一起當過兵的出生入死戰友情，一起同過窗的單純無瑕同學情，一起熱火朝天工作過的同事情，都是背景認同的重要構成。

同一個上司的部下、同一個老師的學生、同一種文化的哺育、同一種病情、同一場電影等待……如果有一個共同的歸因，都會引起溝通雙方的心理接近與認同。

13.2　三觀認同

　　有句古話,「物以類聚,人以群分」,說的也是價值觀相同相近的人才能聚集在一起,這時的溝通效果才比較理想。哲學上經常提到世界觀、價值觀、人生觀,也是我們大多數人所認知的主觀態度,反映了一個人的理想與追求。

案例:

　　「楚王好細腰,宮中多餓死」是一段歷史故事,記載在《戰國策》、《墨子》古籍中,說的是楚靈王喜歡男子有纖細的腰身,所以朝中一班大臣唯恐自己腰肥體胖失去寵信,就嚴格控制飲食。很多人每天只吃一頓飯,以致餓得頭昏眼花,站都站不起來。到第二年,滿朝文武百官臉色都是黑黃黑黃的。這個故事歷史久遠,但也充分說明上司的價值觀、審美觀對下屬的影響。

　　信仰的力量很強大,有了一個共同的目標,大家可以拋棄前嫌、精誠團結,自然溝通也很順暢。在共同的目標和追求引領下,溝通認同感強烈,哪怕是批評式的溝通,對方不僅能接受,也會積極去改進。如果觀念不認同,溝通接受者會認為對方是在冷嘲熱諷、打擊報復自己,這時,要麼陽奉陰違,要麼反感牴觸,自然達不到溝通效果。

■ 13.3　利益認同

「天下熙熙皆為利來，天下攘攘皆為利往」說的就是天下人為了利益蜂擁而至，為了利益各奔東西。美國作家羅伯特・哈夫也指出，人類社會主要建立在「餽贈關係」上，有來才有往。可見，利益是職場的核心，是每個人的關注點，利益認同，自然溝通順暢。我們在說服對方時，不妨努力尋找與對方的利益共同點。

1. 利益不僅指物質利益，也包括精神利益

　　滿足對方心理需求，是精神層面的一種利益認同，幾乎每個人都有成就心理、自炫心理、好勝心理等，對溝通對象的真誠讚揚、正向鼓勵、虛心請教等行為，都有利於提升溝通效果。在溝通中多點肯定和欣賞，往往會造成意想不到的效果。

　　除滿足精神需求之外，人們的另一個精神特質在於「好為人師」。與這樣的人溝通，你首先不妨做一個忠誠的聽眾，把他當成自己的老師，少說多聽，做一個學生，給對方充分表現自己的機會，讓他在心理上有一種滿足感和被尊重感，從而拉近距離。

2. 利益不僅指眼前現實利益，也包括未來利益

　　職場中，物質利益的趨同與共享也是增強溝通效果的一個重要因素。比如，我們經常看到團隊高層尤其是股東開會討論

事項，場景激烈得像吵架，但大家都能反覆討論下去，最終達成意見。當期利益和未來可能的利益才是彌合雙方矛盾的根基。

案例：

　　宋朝的建立，就是下屬們集體擁立領導者趙匡胤促成的。趙匡胤本來還不太想篡權當皇帝的。但他統領的禁軍和手下的大將們都把刀拔出來了，要擁立趙匡胤：「趙將軍，我們群龍無首，就選你當頭吧！」趙匡胤還在猶豫呢，這可是要掉腦袋的大事！他的屬下不由分說，拿著準備好的黃衣（代表龍袍）披在了他身上。所有部下紛紛拜倒，高呼萬歲、萬歲、萬萬歲！趙匡胤就被這樣裹挾著造了反，篡權當了皇帝。屬下為什麼要擁戴趙匡胤呢，因為他們都想著未來收益：成為打下江山的功臣，封王拜相。

　　當然強調物質利益的當期和未來收益，不能採取不健康、非法的手段，這是必須要樹立的邊界底線。

3. 利益不僅指雙方共同收益，也包括雙方共同避免損失

　　有些團隊有窩裡鬥的不正之風，下級總是陽奉陰違，暗中陷害上級。殊不知，上級沒有業績，自然升不上去，上級走不了，下級自然也就沒有能提拔上來的可能，在這種時候必須相互配合，避免共同損失。

■ 13.4　角色認同

前面已經講過，角色是一個社會學範疇的概念，每個單位中的每個人都是社會的一分子，都相對於其他人和事而變換著不同角色。溝通對象對你的角色的理解、接受與認同，實際上就是認同與增強了你的話語權，自然就提升了溝通效果。

在溝通中，我們要有意識地尋找與對方相互存在的某種相同或相似，透過尋找共同點來把對方和自己歸屬同一個角色，感覺會更加親切，交流起來也會變得順暢。

人們常說，「人微言輕，人貴言重」，說的是那些地位高、有威信、受人敬重的人，他們的意見容易取得大家的信任，這是大家對這個權威角色的認同。

儘管我們知道，現實生活中權威在很多場景下也不一定是對的，但對權威角色大家更願意認同。

職場中，對角色的認同判斷因素除了上級任命的職務以外，也與角色當事人年齡、資歷、品德、才能、績效、溝通能力等密切相關。有些主管儘管得到組織任命，也有行政權力，但德才不配位，同樣也得不到大家認同。相反，有些人雖然職位不高，但大家感覺其就像家長、兄長，就是正義的化身與代表。有了這個無形的角色，說話的分量自然也很重。

權威的身分使得人們更容易接受他們的批評，也會放大來

自權威的表揚。比如，下屬受主管、技術權威等人的批評一般都是接受的。上級對下級、年長對年幼、權威對一般的表揚效果較好。

13.5　場景認同

物理環境對人的心理狀態的影響是客觀存在的，而任何溝通都發生在一定的空間範疇，適當的時空場景直接影響到溝通雙方的心情，增加對方的認同。

由於諸多因素的影響，每個人對於溝通的場景有不同喜好，有的認為在辦公室溝通交流好，有的喜歡下班後到咖啡館談談心，而很多企業老闆乾脆拉上幾個人到三溫暖室，一邊泡澡、一邊溝通交流，更多的是下班後三五成群約到飯店喝酒聚餐。

在職場，團隊溝通的達人都明白，越是正式、重大的議題，時空場景的選擇越是要精挑細選，內涵豐富。溝通場景的選擇，除考慮公司氛圍、社會風氣、溝通雙方關係習慣外，還要配合話題的重要性、溝通雙方的關係和性格、費用成本等因素考慮。主要包括以下幾點：

1. 布置莊重、大氣上等的場所，適合重要事項的溝通。

2. 如果討論職場嚴肅的話題，宜在辦公場所。

3. 單獨男女的溝通，不宜在封閉小空間或氛圍曖昧的 KTV。

4. 主管對下屬部署工作進行批評指正的時候，主管辦公室最適宜。主管辦公室本身就自帶權威性，在這裡談是比較嚴肅的，對方也是容易認可的。

5. 如果想表揚下屬或對下屬近期表現比較認可，主管到下屬辦公室進行溝通交流是一個不錯的選擇。主管去看望下屬，是一種肯定和鼓勵；如果再表揚，下屬會更加受用；如果下屬的同事都在場，那這樣的表揚效果更佳。

■ 13.6　興趣認同

春秋時代的鐘子期、伯牙知音的故事一直流傳至今，伯牙有出神入化的琴技，只有鐘子期才懂得欣賞。鐘子期不幸去世後，伯牙來到鐘子期的墓前，悲傷地彈奏了《高山流水》，彈完後就將琴摔碎，從此再也不彈琴了，這就是知音的魔力。

興趣是個體積極探究某種事或從事某項活動的意向傾向，是推動人們尋求知識和從事某種活動的一種精神力量，可以激發人們的熱情。人都是有七情六慾，也有不同興趣點的，打球、跑步、騎車、打牌、讀書、慈善公益等，都受不少人的喜愛。人們對於自己喜愛的東西又總是懷有特殊感情，放在十分

重要的位置，當自己喜歡的東西被談及時也必然會十分高興。因此，溝通者間有了共同切入點，容易開啟話題，透過共同點之間的關係拉近距離。

13.7　時機認同

不同的人、不同的事，溝通時機的選擇也至關重要。在正確的時間說話，對溝通者來說可能就是一個機會，達到事半功倍的效果，也可能會因為一句話就辦成一件大事。相反，如果話說得不合時宜，就會造成意外的麻煩。

案例：

1990 年代初期，電腦還不是特別普及。某企業因生產需要，便購置了一批電腦及相關裝置，而且要建一個機房。但是，機房負責人王靜遙在申請機房安裝空調的事上，卻屢次被主管駁回。理由是：其他部門人員都是在無空調環境中工作，不宜單獨對機房破例。雖然王靜遙一再強調安裝空調是因為機房溫度太高，會影響電腦的使用，但是主管一直不同意。之後，一個很意外的機會，公司組織出遊。在參觀一個文物展覽會時，主管發現一些文物有些破損，經詢問解說員得知，文物之所以有些破損是由於文物不能在恆溫條件下儲存所致。如果有製冷裝置，文物可以保護得更好。

此時，站在一旁的機房負責人王靜遙找機會對主管低語：

「其實，機房裡裝空調同樣是這個道理！」主管看了她一眼，沉思片刻說：「你再寫一個報告報上來。」很快，主管就批准了她的要求，同意在機房裝空調。

王靜遙正是選對了時機，在主管對文物破損有所感悟時，趁機提出機房安裝空調的事情，正好符合了主管當時的心理，因此很快就批准了這件事。

因此，說話要把握時機，如果該說的時候不說，機會轉瞬即逝，便有可能錯失良機。

天時、地利、人和，這是成功必不可少的三個要素。具體到說話，只有注意到「天時」和「地利」，選擇適合的時間和地點，再把你想要說的話說出來，才能最終取得「人和」的結果。掌握好時機的能力不是天賦，而是在平時生活中自己慢慢領悟的。

在正確的時機說話，除了要看當時的情況，還要看對方的心情。比如，職位得到晉升、受到上級獎勵、子女考上名校、團隊工作圓滿完成，這時候人逢喜事精神爽，易於聽進別人的不同意見，哪怕較為逆耳的話，也容易接受。

第十四章　增強團隊溝通主動性

大家可能聽說過莫非定律（Murphy's Law），這是 20 世紀西方文化中最傑出的三大發現之一，這個定律的要點是，如果有兩種或兩種以上的方式去做某件事情，而其中一種選擇方式將導致災難，則必定有人會做出這種選擇。比如，你一不小心上班遲到了，不想被人發現，卻偏偏主管一大早就找你。團隊開大會，你怕被點名發言，總是悄悄悶著頭，最後主管卻直接點到你的名。在溝通中，你越想迴避，結果卻往往是你越要面對。與其這樣，倒不如積極準備、伺機主動出擊。

14.1　找準關鍵人，主動溝通

在職場中，主動找到影響你職業發展的關鍵人，爭取他們的支持，往往會達到事半功倍的作用。除一把手之外，以下幾類人不可忽視。

一是副職。很多副職雖然沒有決策權，卻對人事關係十分了解，對分管領域的一畝三分地有控制權。副職對一把手有很

大的影響力，也有提名權，在會議討論決策中更有表決權，對一些事情的決定往往有舉足輕重的作用。所以，一定不要輕視副職。

二是祕書（助理）。他們級別不高，但卻是「主管的眼、嘴、手、腳」，主管的很多訊息，透過他們獲取，主管對我們的評價，往往也取決於祕書傳遞給主管的訊息。所以，職場中的「級別高低」，不僅展現在各自的職位級別上，更展現在這個職位與核心職位的連線上。

三是領導者。領導者是在組織執行中自然形成的，是由在同一職能領域共事，在相似經歷，共同價值觀、興趣和友誼的基礎上形成的。領導者是公司裡沒有行政主管職務，或者沒有較高行政職務，但話語權卻特別大，甚至能夠左右民意的人。在團隊中，也必須跟這類人處理好關係。比如，擁有最大客戶資源的員工，他的業績量是公司的重中之重，這樣的員工是不能輕易忽視的。

■ 14.2　善找切入點，開啟話題

華人歷來比較含蓄，直奔主題式的溝通有奇效，但很多情況下，是先談一些雙方熟悉的話題，找到切入點，透過寒暄來聯結友誼、協調關係、尋找同伴，引起大家共鳴或興趣，然後

轉入正題。

良好的開端是成功的一半，萬事開頭難，溝通也是如此。有些職場新人，心裡盼望著能有機會跟主管見面交流，引起主管關注，在同事中先行一步。但真的跟主管見面了，卻又張口結舌不知道從何談起，急得面紅耳赤。實際上無論是跟主管同事，還是陌生客戶，只要用恰當話題開頭找到適合的切入點，溝通自然水到渠成。

切入點不是抽象概念，而是非常具體的人、事、物。比如，主管辦公室有一盆鮮花，可以就此談起，主管辦公桌上放著一本書，也可以談書。選擇切入點話題，有四個注意點。

1. 話題具有廣泛性。不能太專業或具有挑戰性，一般以大家或者是溝通對象熟悉的內容為妥，比如社會焦點、產業動態、保健養生、興趣愛好、天氣等。

2. 話題貼近溝通環境。在辦公室見面，可以從辦公室裡就地取材，不能有太大跨度。比如，在電梯口偶遇主管，我們可以電梯、外面天氣、焦點新聞等入手，不能文不對題。

3. 注意禁忌。每個人的經歷、學識、信仰等都不盡相同，交流的內容要注意，迴避那些庸俗低階、格調低下的內容，更不要搬弄是非，傳播小道消息。

4. 注意細節。我們只要一發現溝通對象的服裝或使用的物品有些微小的改變，就可以此為話題。例如同事打了條新領帶

時可以說：「新領帶真好看，您的品味一向不錯。」像這樣表示關心，很少有人會因此覺得不自在。另外，指出主管或同事與往日不同的變化時，越是細微、不容易被發現的變化，效果就越好。不僅使他們感受到你的細心，也感受到你的關懷。轉瞬間，你們之間的關係就會遠比以前更親密。

身處職場，我們想要與大家拉近距離，增進彼此的關係，就是要善找切入點，掌握主動權，贏得別人對你的信任和好感。

14.3　主動展示自我，提升辨識度

對外溝通的主動性還在於充分展示自我，塑造具有辨識度的人設，提升自己的人格形象。

1. 勇於展示自己，引起大家關注。無論是日常工作、會議還是各項活動，尤其是一些急難險重的事項，要積極主動，展示出自己想學習、求上進的成長風貌。比如，武漢疫情嚴重期間，筆者單位有個青年員工，主動找到本人詢問公司是否組織捐款，他要盡責任、獻愛心。這個人平時很少與主管接觸，但此舉動讓人印象深刻，大家也感受到了他的責任感和愛心。

2. 創造自身價值。工作勤懇、表現努力，尤其是分外之事，在力所能及之下主動做好，讓別人看到你的潛質，以正面形象贏得人心。

3. 主動開口求助。友誼是麻煩出來的，經常梳理關係網，主動出擊，不要怕主管以及其他同事拒絕，得到他人肯定後，容易得到幫助。平時在團隊中，主管、同事對他人明確求助給予回應和幫助的比例高達 90%。

4. 幫助他人。一個人要有良好的人際關係，樹立良好口碑，就不能只顧個人利益，而應該優勢互補、發揮自己所長，幫助別人，比如幫別人出點子、做 PPT 等。

5. 持續聯繫。人與人的交往有一個熟悉的過程，日久也易生情。在對外社交中，不能急功近利，而是要保持耐心，持續與對方溝通聯繫。這不是說片面地巴結，而是讓對方充分了解你的情況，接受你，最終願意幫助你。

第十五章　十大溝通標準化

　　典範式就是一種公認的模型或模式，甚至說是模型中的模型，也可以說是主流產業中的行事流程。溝通標準化就是人們在長期的實踐中總結出來的通用的溝通模型。學會使用溝通標準化併合理應用在相應場景中，是成為溝通高手的捷徑之一。下面介紹十種溝通標準化。

15.1　解釋框架式溝通法

1. 基本概念

　　在對方的要求無法直接回答是或否的兩難局面時，可以採用解釋框架式溝通法來表明態度、解釋現狀並給出解決方案。

2. 標準化說明

- 不直接給出肯定或否定的回答，但要對對方提出的難題積極主動表態，指出對方問題很重要、很實際。

- 說明自己眼前的困境與遺憾，具體、誠懇地說明不能接受的原因。

‧提出解決建議方案。比如，給點時間，讓自己先學習，熟悉一下；或者等幾天自己忙完、告一段落後來實施；此外也向主管推薦能夠勝任的其他人選，並表態自己會去配合、參與等。

3. 案例及應用

解釋框架式溝通法經常用於委婉拒絕上司、客戶、合作商的不合理要求，回答主考官故意設定的問題陷阱等場景。

案例：

許諾是一個十分有才能的設計師，在面試的過程當中，面試官提了個很敏感的問題：「如果錄用你，你會跳槽嗎？」此問題很有學問，因為很明顯，許諾的這次應徵原本就是一次跳槽行為的前奏，如果許諾來這家公司工作，那也難以保證以後不會「故技重施」。人事部門自然不希望自己的員工常常跳槽，因為這不但會影響公司的整體營運，還會對其他員工造成影響，一個人事變動頻繁的公司會軍心不穩，不利於正常工作的進行。

問題就擺在眼前，這對大多數跳槽的人來說都不是一個容易回答的問題，對許諾而言也是。如果肯定地答覆「不會」，那肯定是不會令人相信的，因為跳槽就是你正在進行的一件事情；如果答覆「會」或者「不確定」，那情況當然更加糟糕。許諾沒有對這個問題用「會」與「不會」來回答，她說：「前幾天我看了一篇文章，叫〈流行跳槽的年代我不跳槽〉。我和作者的想法相同，換工作就是為了以後不再跳槽。我現在來貴公司應徵，就

是認為貴公司的各方面條件符合我自己的要求，如果這些條件都不變的情況下，我也沒有跳槽的理由，畢竟我現在才工作兩年的時間，工作經驗也不是很多，如果我工作不到一年就選擇跳槽，那麼我也學不到更多的知識，而且很多公司也不喜歡頻繁跳槽的人。如果被貴公司錄取，我將貢獻我全部的能量，會努力做好以下幾點……」許諾的答覆滴水不漏，最終獲得了面試官的肯定。

　　從這個案例中，我們可以看到許諾就巧妙採用了解釋框架式溝通法來回答面試官的問題，不直接回答是否跳槽，而是誠懇解釋現實存在的問題：換工作就是為了以後不再跳槽，自己還年輕，工作經驗不足。最後還提出應徵成功後要重點做哪些事。

■ 15.2　問答讚式溝通法

1. 基本概念

　　每個人在溝通的時候，都希望得到對方的肯定與回應，如果你做到這一點，就很容易和對方建立一個信任關係，溝通效果也就自然更進一步。問答讚式溝通法就是藉助這一原理，提出一個對方能夠引以為豪回答的問題，然後給予由衷的讚揚與欽佩，從而達到預期效果的一種溝通方式。

　　問答讚式溝通法出自哈利・佛里曼（Harry J. Friedman）撰寫的《銷售洗腦》（*No Thanks, I'm Just Looking*）一書，著重講的

是挖掘顧客潛意識裡的想法，一步一步提出行之有效的解決方法，講的是銷售技巧，實際上也是溝通技巧。

2. 標準化說明

問答讚式溝通法的三步驟是：

· 你有意識提出一個問題。

· 對方給予你回應。

· 你給予對方讚揚。

3. 案例及應用

問答讚式溝通法通常用於面向客戶銷售、上司表揚、專案討論等場景中。

案例：

王經理：「太好了，小張，你是怎麼想到這個點子的？」

小張：「王經理，我是上次看《時間管理 7 課堂》這本書，從中得到啟發的。」

王經理：「小張真是個優秀青年啊，平時工作這麼忙，還保持讀書學習啊。」

從這個案例中我們可以清晰地看出問答讚式溝通法的三個過程，自然引入問題，得到預期回答，使得後面的稱讚及表揚水到渠成。

15.3　PREP 式溝通法

1. 基本概念

　　PREP 式溝通法是《可靠》這本書提出來的，要點是透過 PREP 框架，把日常彙報、諮詢報告、工作郵件等與別人溝通，尤其是與主管溝通的訊息，透過先講結論的順序來談。這樣能在最短時間讓對方簡潔明瞭地了解到重要核心訊息。

2. 標準化說明

- P 即 Point，結論。讓溝通對象清晰了解你要彙報的目的與內容。
- R 即 Reason，依據。主要是驗證結論的可信性。
- E 即 Example，事例。用事例、故事、數據來證明、支持觀點。
- P 即 Point，事件結論。再次重申結論，讓溝通對象更明確你的溝通訊息的主要內容，與開頭呼應加深印象。

3. 案例及應用

　　職場上我們的工作彙報、日常郵件、回答問題、會議推進等，都應遵循 PREP 框架，結論先行。當然，批評式溝通時要防止一上來的否定，對溝通對象情緒造成負面影響。

案例：

面試場景中，面試官問小潔：「你的前同事們是如何評價你的？」

小潔：「我的前同事們都稱我為能量女王。（這是結論）

「因為在大家遇到專案難題的時候，我總是在給大家打氣。（這是依據）

「記得有一次，在我們專案推進最困難的時候……（這是具體事例）

「我覺得這種特質很適合我應徵 xxxxx 的職位，因為……（這是重申結論）」

在上面的案例中，小潔回答面試官的問題採用的就是 PREP 式溝通法，避免了回答的無目的性，個人特點突出，有畫面感、有趣味性，可以讓面試官眼前一亮。

15.4　非暴力溝通法

1. 基本概念

近幾年來，非暴力溝通流傳很廣。它是馬歇爾‧盧森堡（Marshall Rosenberg）在《非暴力溝通》（*Nonviolent Communication*）一書中提出的平和但神奇的溝通模式，依照它來談話和聆聽，能使人們情意相通，和諧相處。非暴力溝通其實不是提倡

新的主張，主要是指導我們轉變談話和聆聽方式。非暴力溝通的四要素是：觀察、感受、需要和請求。

2. 標準化說明

《非暴力溝通》總結的溝通流程分為以下四步。

- 觀察。我所觀察（看、聽、回憶、想）到的有助於（或無助於）我的福祉的具體行為：「當我（看、聽、回憶、想到的）……」
- 感受。對於這些行為，我有什麼樣的感受（情感而非思想）：「我感到……」
- 需要。什麼樣的需要或價值（而非偏好或某種具體的行為）導致我那樣的感受：「因為我需要／看重……」
- 請求。清楚地請求（而非命令）那些能豐富我生命的具體行為：「你是否願意……」

3. 案例及應用

非暴力溝通適用於多類關係各個層面的交流和各種環境，目的是使溝通雙方能夠理解並看清彼此的需要，然後一起尋求解決方案，使友愛互助成為現實。

案例：

生產工廠主管張偉軍在工廠巡查時，發現操作工小李機臺下又髒又亂，張偉軍說：「小李，我看到機床下面有一些鐵屑，

一些油汙，還有你的一雙髒鞋子（觀察），我不太高興（感受），因為我看重整潔（需要），你是否願意今天下班時，把這些垃圾清理乾淨，以後按工廠標準要求做好機臺衛生？（請求）」小李愉快地接受了主管的要求。這裡張偉軍並沒有採用我們常見的方法：「小李，你怎麼不執行規模規定，不講衛生，你要受到處罰。」如果是這樣，小李可能首先馬上申辯或反擊，溝通效果自然打折，而透過非暴力溝通方式則可以取得很好的效果。

▌15.5　蘇格拉底式溝通法

1. 基本概念

世界上偉大的哲學家蘇格拉底，他從不對別人的錯誤指指點點，他總是讓別人說「是」。他的這套說服異見者的方式，現在被稱為「蘇格拉底式」。

心理學家認為，人一旦說出「不」，那麼困難就變得不可踰越。一旦說出「不」，自尊心就會固執地維護自己的觀點。儘管事後可能覺得「不」是不恰當的，但當時維護面子大於一切。因此，一開始就得到對方的肯定態度就尤為重要。善於溝通的高手，通常開始就想辦法獲得對方說「是」的態度，從而引導對方向積極的一面思考。

2. 標準化說明

· 擱置爭議，同意對方論點。

- 持續提出問題，讓對方只能回答「是、是、是」。
- 獲得反對者回應，在接連不斷的發問及肯定式回答中，對方突然發現：前一刻反對的事情，現在已經表示贊同。

3. 案例及應用

當我們需要說服別人時，如客戶、合作商、下屬，可以採取蘇格拉底式溝通方法，透過不斷提問，讓對方回答「是、是、是」。

案例：

有個年輕人走進銀行，要開個戶頭，張經理遞給他幾份表格讓他填寫，但他斷然拒絕填寫某些方面的數據。按照規定，假如他拒絕向銀行提供一份完整的個人數據，張經理是很難給他開戶的。但張經理並沒有這樣說，而是先同意他的觀點，告訴他，那些他所拒絕回答的數據，其實並不是非寫不可。

「但是，假定你碰到意外，是不是願意銀行把錢轉給你所指定的親人？」張經理問道。

「是的，當然願意。」他回答。

「那麼，你是不是應該把這位親人的名字告訴我們，以便我們屆時可以依照你的意思處理，而不致出錯或拖延？」

「是的。」他再度回答。年輕人的態度已經緩和下來，知道這些數據並非僅為銀行而留存，而是為了他自己的利益。所以，最後他填寫了所有數據。

　　由於一開始就讓他回答「是」，這樣反而使他忘了原本存在的問題，而高高興興地去做經理建議的所有事情。

▌15.6　「30 秒電梯法則」

1. 基本概念

　　「30 秒電梯法則」或稱「電梯演講」，是麥肯錫公司在一次沉痛的教訓後提出的溝通模式。即要求一個人能夠快速且清晰地表達自己的意圖，彙報要直奔主題、直奔結果。

2. 標準化說明

- 要了解對方的願望，語出驚人，吸引對方；
- 陳述時直述重點，特別要提示這個方案能滿足對方的願望；
- 方案和詳細的過程可以後行，另找時間談或者透過郵件表達。

3. 案例及應用

　　這個法則在工作或者專案管理中是非常有用的，在上司特別繁忙的情況下，我們可以事先充分提煉，根據「30 秒電梯法則」，直奔主題和結果，快速而清晰地表達重點訊息，讓對方一下就能領會核心要點，為自己與對方節約時間與溝通的成本。

案例： ·····

　　市場部的小李和小王想找主管彙報原物料漲價的事，可主管太忙，一直在會見客人。漫長的 50 分鐘過去了，好不容易客人走出來，可主管馬上又要參加會議了。主管眼睛掃了眼小李：「還有三分鐘開會，你們有什麼事可以快點說。」

　　小李搶先一步彙報：「老闆，我最近在留意原物料的價格，發現很多鋼材都漲價了，還有剛才物流公司也打電話來說漲價，我又比較了幾家的價格，但是還是沒有辦法說服他不漲價；還有，競爭品牌 xxx 最近也漲價了，我看到……對了，廣告費最近花銷也比較快，如果……」

　　主管聽了一頭霧水，他不耐煩地打斷小李說：「你要表達什麼，能不能簡潔一點？」小李一時張口結舌，滿頭大汗地愣在那兒了。

　　小王及時解圍：「老闆，我認為我們的牌子應該漲價 20%，而且要超過競爭品牌，因為第一，原物料最近都漲價了 30%，物流成本也上漲了；第二，競爭品牌全部都調價 10% ~20%，我們應該跟進；第三，廣告費超標，可宣傳不能不做……這是我們的建議方案，請老闆過目。」

　　主管接過方案，讚許地看著小王說：「好啊，你們都考慮在前頭了，最近我也在想這個調價的事……」

■ 15.7　三層結構溝通法

1. 基本概念

在華人眼中，「三」好像是一個吉祥數字，凡事都用三個方式來說，比如提出三個方面建議、安排三項重點工作、考核有三個標準等。把所有事情都嘗試用包括三個方面的內容來溝通，將會有良好的效果。

2. 標準化說明

- 給出三條建議，產生對比、參照，更容易讓人比較，有利於對方做明確的定位。
- 給對方主動權：三條建議中，由對方確認決策意見。

3. 案例及應用

在職場中，由於職位的差異，當事人經歷、能力的不同，以及訊息量的不對稱：你認為最重要的，在對方眼裡可能並不重要；對方重點關注的，可能你壓根沒考慮到。所以，有時提出的一條意見，常常會被對方認為「根本沒說到重點上」，或者說「我關心的根本不是這個」，這是職場中的常態。解決這個痛點的方法就是提三條（或多條）建議。我不確定對方關注哪個重點，那就把每個重點都考慮到，讓對方自己看。

案例：

三國時期，劉備的謀士龐統就是這樣做的，龐統曰：「龐某有三條計策，請主公自擇而行。」玄德問：「哪三條計？」龐統曰：「只今便選精兵，晝夜兼道徑襲成都，此為上計。楊懷、高沛乃蜀中名將，各仗強兵拒守關隘；今主公佯以回荊州為名，二將聞知，必來相送；就送行處，擒而殺之，奪了關隘，先取涪城，然後卻向成都，此中計也。退還白帝，連夜回荊州，徐圖進取，此為下計。若沉吟不去，將至大困，不可救矣。」

龐統提出了上、中、下策三條建議。

上策：暗中派精兵強將，日夜行軍，進攻成都（益州），趁劉璋還沒有防備，此時偷襲是最佳時機。

中策：劉璋手下的大將楊懷、高沛握有實權，劉備可藉口荊州有急事要回程，藉此召見他倆，趁機除去二人，令劉璋實力大減。

下策：充分準備，退回白帝城，等待蜀中動亂的時機。

最後劉備用了哪一條？他否決了上策、下策，用了中策。

龐統作為執行者，只能從軍事角度排序，上策效率最高，出奇制勝。而劉備作為整個團隊的領頭人，軍事只是一部分，他更要考慮蜀中的人心、政治聲望、穩定的局勢，所以對劉備來說，軍事上勝利太快未必是好事。最好是中策的「幹掉對手的主力，卻又不立刻占領」，給自己減輕壓力、延長時間，平衡了軍事、政治、經濟三個方面。

■ 15.8 印象式溝通法

1. 基本概念

　　研究發現，人類大腦總是對起伏的、衝突的經歷記得更牢。尤其結果是正面的，印象就會更深刻。比如，終於獲獎、終於打敗對手、終於見到心上人等。因此，要在溝通中引起對方注意，並在他心目中留下深刻印象，可以按照「衝突、參與，解決」三步曲來設計。

2. 標準化說明

- 衝突：製造或藉助某個已有的「矛盾衝突」，讓對方心裡先「咯噔」一下，這時他的注意力被吸引過來了。

- 參與：讓他直接或間接參與到這個事件裡來，並且折騰一番，這個過程中需要他付出努力，或者讓他看到你的付出。

- 解決：要獲得一個正面的結果，成功解決問題，好讓對方看到你的能力水準，進而認可你。

3. 案例及應用

案例：

　　有一家人三兄弟都行醫，三兄弟的醫術排名大哥最好，二哥次好，老三最差。但人們卻只記得老三，原因就在於大哥醫術太高明，很早就發現苗頭，提前把病治好了，病人沒感覺；

二哥在病人剛發小病時就治好了，也沒給病人留下太多印象；而老三在病人病情危重時參與救治，用了多種治療手段，終於挽救了病人的性命，病人和家屬必定是印象最深刻，所以他們對老三的醫術難以忘懷。

所以，你在職場裡無論是做事還是溝通講求踏實固然沒錯，但這仍然不夠，根據大腦印象機理，你還可以藉助一些矛盾衝突的特殊場景來適當地做出亮點，這樣對方對你才有深刻印象。

15.9　共情式溝通法

1. 基本概念

共情這一概念是由人本主義創始人羅傑斯（Carl Ransom Rogers）提出的，可以理解成同感、同理心。共情力實際上就是我們常說的設身處地體驗別人的處境，從而達到感受和理解他人情感的能力。「情商之父」丹尼爾・高曼（Daniel Goleman）說：「共情是情商的核心能力，也是人類天生的能力。」

2. 標準化說明

- 辨識：當有人與你交談時，能否辨識出對方正在和你進行情感交流，這是共情力最低的標準。
- 認可：辨識出對方的情緒後，給予認可，可以讓對方覺得你在認真地聽他說話。

- 引導：即透過不同的角度來化解對方的疑慮。能使用引導的人，已經掌握了相當強的共情力，他們可以利用共情來幫助對方解決一些困難。

- 迎合：即在順應對方情緒的基礎上，給予積極主動的回應。這是共情力的最高表現形式，對方會更願意吐露心聲，即使對方的想法不一定正確，但此時的他，並不需要一個講道理的人，而是需要一個懂得他的人。當你運用迎合時，是感同身受後飽含深情的撫慰，是慷慨又不失尊重的幫助。

3. 案例及應用

這個案例所發生的情形是我們日常職場中司空見慣的事情，經常有人研究和剖析這樣的案例來研究共情溝通，我們熟練運用辨識、認可、引導、迎合這四個步驟，與對方感受共情進行溝通，會使團隊溝通更加和諧圓滿。

案例：

同事萌萌最近不順心，和雅麗吐槽：「最近不知道怎麼了，老闆一直刁難我，一直找我碴，我都不想幹了。」

雅麗說：「難怪我看你這幾天不開心（辨識）……其實還好啦，最近老闆對我也是這樣，這不是你的問題（認可）……但想想老闆對我們要求高，也不是什麼壞事（引導）……我相信你的能力，實在不想幹就辭職吧。我有做 HR 的朋友，或許可以給你介紹你新工作（迎合）……」

　　雅麗藉助共情模式，說服了萌萌，讓她焦慮、失落的心情得到緩解，雙方的友誼也更進了一層。

▌15.10　FOSSA 情緒溝通法

1. 基本概念

　　大家知道，如果對方產生了情緒，溝通的時候就會變得很困難。而在我們的生活和職場中，這種情形又是無法避免的。F-O-S-S-A 模型是專門用於跟有情緒的人溝通的模型。

2. 標準化說明

　　面對有情緒的溝通對象，可以採取以下五個步驟進行溝通：

- 第 1 個字母 F，代表 feeling，確認感受。
- 第 2 個字母 O，代表 obljective，確認目標。
- 第 3 個字母 S，代表 situation，現狀如何。
- 第 4 個字母 S，代表 solution，解決方法。
- 第 5 個字母 A，代表 action，行動共識。

3. 案例及應用

案例：

　　王勇早上到公司後發現，專案組的同事李剛被主管批評了，心情很低落、煩躁，不管說什麼他都要頂兩句。而王勇今天必須

跟他一起討論專案，而且這個專案客戶催得緊。怎麼辦？

王勇和李剛談起了心：

（1）確認感受（F）：我明白你現在感覺有些委屈或者有些鬱悶，畢竟這個工作你很用心地在做，老闆只看結果就批評你，沒有考慮到其他因素，任誰心裡都會不舒服。

（2）確認目標（O）：我覺得我們現在最主要的就是想辦法把手上這個事做好了，證明你的工作能力，讓老闆沒話說。

（3）確認現狀（S）：現在的情況是，客戶正在催著專案進度，他們已經不耐煩了，我們需要今天就拿出初步行動方案並及時向經理彙報。

（4）描述解決方案（S）：所以我想，要不咱倆先集中精力把手頭工作做好了，搞定了這些客戶，回頭再想辦法讓老闆改變對你的看法，怎麼樣？

（5）達成行動共識（A）：那下面，我們先討論一下昨天說的預算問題吧，畢竟老闆最在乎錢是否花在刀刃上。

學會在類似的情境中運用這個模型，就算是跟有情緒的人溝通，也不會那麼困難了。

第十六章　巧用八大溝通技巧

■ 16.1　懂點幽默感

美國心理學家赫布・特魯（Herb True）說：「幽默可以潤滑人際關係，消除緊張、減輕人生壓力，使生活更有樂趣。」中文幽默一詞是英語 humour 的音譯。有研究者認為，華人的幽默不同於美國人，華人常常以婉轉含蓄的方式表達出來。幾句不經意的談笑，一個眼神，甚至閉口不言，卻蘊藏著深刻的幽默。

幽默是溝通交流中的高級調味劑，尤其是對打破溝通僵局、化解對立關係方面有奇效。

案例：

阿雅和小玲是多年的同事，兩個人在一間辦公室隔桌而坐，情同姐妹。儘管如此，有時也難免發生衝突。有一次，為了處理主管交代的專案，兩個人有不同意見，發生了嚴重的口角，後來彼此冷戰，形同陌路。到了第五天，阿雅實在忍受不了這樣的工作氛圍，為了打破僵局，她就把辦公桌的抽屜全部

開啟，裝作找東西。

後來，小玲終於開口說話了：「喂，你把所有抽屜開啟來，到底在找什麼？」阿雅看著小玲，幽默地說：「我在找你的聲音，你一直不跟我說話，我都快憋不下去了！」兩人噗哧一笑，重歸於好了。

幽默不是從天而降，也不是人與生俱來的。提升幽默感，必須要注意以下幾點。

1. 有高尚的情緒和樂觀精神。消極墮落的人是不可能有幽默感的。

2. 注重觀察與想像。幽默來自生活，必須學會關注生活體驗，發揮想像力。

3. 提升文字素養和語言駕馭能力。古今中外，天南海北，風土人情等，都是幽默的素材，幽默是有知識、有修養、才思敏捷的表現。

4. 學習、練習幽默技巧。對比、反覆、誇張、故意囉唆等都可以用來製造幽默。

5. 掌握分寸，靈活運用。內容方面要注意積極陽光，不能以他人身體殘疾、家庭不幸、工作不順等為題材，否則你自己覺得是幽默，別人感覺到的卻是嘲諷和傷害。

6. 要結合溝通對象的學識、閱歷、年齡、習慣來進行幽默溝通。幽默選材要得當，表達到位，符合溝通對象能接受、感

悟的那個點，幽默才能取得好效果。

7. 累積儲備幽默故事。幽默與人的天賦、文化生活底蘊有密切關係，有的人是信手拈來，有的人則是絞盡腦汁也說不出一段。其實，如果平時難以創造性地說出幽默語句，也可以先儲備幾個幽默小故事，視場合講一講，也能活躍氣氛。

案例：

南唐時，政府苛捐雜稅，民不聊生。時逢京師大旱，烈祖詢問群臣：「外地都下了雨，為什麼京城不下？」有位大臣決定利用這一機會進諫，於是回稟道：「因為雨怕抽稅，所以不敢入京城。」烈祖天性比較豁達，聽罷大笑，於是下令減輕稅收。藉助一句玩笑來暗示，最終竟為百姓做了一件好事。這就是用幽默的語言或隨意說笑，向被暗示者傳達訊息的方法。

■ 16.2　慢半拍式溝通法

有句古話，人貴語遲。大概意思是身分尊貴的人說話慢，一方面是顯示身分，另一方面是慎重表態，理解清楚了、考慮全面了才說話。而在溝通交流過程中，有很多人性了急，對方話還沒有全部說完，就匆匆發表自己的觀點，結果適得其反。

曾經有個「抽屜理論」，也是一個很好的說明。抽屜理論的意思是當你把書面的信件或材料寫好以後，不要急於發出去，

而是放在抽屜裡等一兩天，看自己有沒有要修改的。尤其是冷靜下來以後，觀點與措辭可能會有一些改變，這實際上也是為了客觀進行溝通，避免一些情緒化或不周全的意思表達與傳遞。

當然，我們在日常溝通交流過程中，不要輕易做出承諾，如果做出一種選擇或採取一種態度，我們就會面臨來自內心和外部的壓力，迫使我們的言行與之保持一致，因此我們也要在溝通中及時辨識對方所謂的社會認同和權威，避免做出錯誤的判斷。

■ 16.3　視覺化溝通法

口頭與書面的溝通交流各有利弊，但適度增加書面或物品呈現，視覺化效果會更明顯。因為從人的感官心理來說，「聲音」的傳遞是即時的，特點是效率高、遺忘快。當時聽的感覺不錯，但聽完後，對方的記憶就開始退卻。如果只單純靠說，效果並不是最好。好的演講都需要「視覺化」的素材配合，比如大螢幕上的 PPT 呈現，或者白板、黑板上的字句、卡片、證書甚至道具，這些都能讓聽眾留下「視覺化記憶」。

如劉備三顧茅廬請諸葛亮出山的故事中，諸葛亮揮一揮手，命童子取出一畫軸，掛於中堂，指謂玄德曰：「此西川五十四州之圖也。」意思是諸葛亮指著地圖說：「這是我們策略重點的西

川地圖，五十四州的位置、隘口、交通路線，我都做了詳細考量。」劉備一下子精神來了，印象也更深刻了。諸葛亮的第一次彙報，就取得了成功。

書面資料是「視覺化訊息」。如果在跟他人溝通時，不僅是口頭講，而且透過一些圖形表格、照片、實物等其他視覺化工具來表達，就可以提高溝通效果。

心理學家研究發現：人類訊息傳遞的 80％來自視覺，剩下 20％的訊息傳遞才來自聽覺等其他感覺。不僅要讓主管「聽見」，更要讓主管「看見」。這個結論，我們在職場中要記得使用。但凡稍微複雜一點的彙報，最好都要有書面資料，可以是文稿、表格、模型，哪怕是簡單的一個草圖。總之，目的就是「視覺化」，讓主管一目了然，這樣的溝通才更有成效。

■ 16.4　會講故事

「深夜，兩個愛爾蘭人在一座古怪的城堡中相遇……」不論你在讀這句話之前在想什麼，讀完這句話後，你的注意力就會緊緊地被情節所吸引住，這是芭芭拉・明托（Barbara Minto）在《金字塔原理：思考、表達和解決問題的邏輯》中所舉的事例。芭芭拉・明托還說，任何人讀你寫的文章，都不會像讀一篇所有人都說既精彩又扣人心弦的小說一樣感興趣。如果要使讀者

輕易地拋開其他話題，專注於你的話題，講故事是非常好的形式，因為它能激發溝通對象的興趣，吸引注意力。

講故事也是有技巧的，首先要選擇貼近場景的主題，有明確的重點。其次要注意次序，也就是故事邏輯，這種次序可以是時間次序，也可以是地點次序，還有就是依屬性來決定次序。最後要注重事實，盡量有細節，故事一具體就會生動，這也要注意講述客觀事實情況時，少談個人主觀感受。當然，若你試圖透過講故事來傳遞相關訊息影響對方，在講述過程中，你要注意篩選事實，在講完故事後概括自己的觀點。

■ 16.5　模糊語言溝通法

模糊本義是指含糊、輪廓不清，泛指反映事物屬性的概念的外延不清晰，事物之間的關係不明朗。在溝通交流過程中，利用模糊語言迴避一些難以當場說清說透的事，也不失為妙招。

1. 巧用模糊語言，可以避免工作重大事項洩密

職場中有很多事項在未公開前是屬於保密的事項，比如人事任免。有些人甚至一定等級的主管也喜歡打聽，按組織流程沒有正式發任職檔案前，該內容是不得對外公開的。這個時候，就需要一些模糊語言來化解。

2. 巧用模糊語言，可以避免陷入矛盾境地

在團隊溝通交流過程中，常常會遇到這樣的情況：有些問題必須回答卻不知如何回答。一旦回答錯了，就會把問題弄得糟糕而不可收場，但只要鎮靜地巧妙周旋，最終一定會擺脫困境。此時，運用模稜兩可的語言就是一種好方法。這種方法是用模糊不定的語言，不讓對方精確地了解答語的含義，從而使語言在談話中更加靈活、生動、形象。

3. 用模糊的語言迴避是非議論

公司內部都是複雜的，總有一些員工喜歡八卦，四處散布流言。

俗話說：「來說是非者，便是是非人。」這種人常處於一種心理不平衡的狀態，嫉妒心很盛，他們甚至想要把自己的快感建立在他人的不幸之上，總是巴不得看別人倒楣、越來越困窘。作為同事，千萬不要想當然地認為，在自己面前搬弄他人是非的人就是對自己好的人。其實，在你面前道他人是非的人，在其他人面前亦如此。

跟這樣的人溝通，要學會適當隱藏自己的想法，對他所說的別人的是非，也不要輕易表態。當然，也不要得罪他，有人說，寧願得罪君子，也不能得罪小人，這時就可以採用模糊的語言給予回覆。在那種既不好說真話又不願說假話的情況下，只好說些「啊，哈哈」之類不著邊際的話，予以搪塞。

4. 用模糊的語言迴避隱私話題

有些人溝通交流，除談天說地之外，還喜歡打聽別人的隱私。比如「你的收入多少」「多大年紀了」「你有對象了嗎」「聽說你的肝有毛病，真的嗎」「夫妻感情如何」等。一旦這些內容被這些好事者探得一點蛛絲馬跡，就可能會面臨空穴來風、流言四起的局面。因此，遇到這樣的人，就不能「實話實說」了，可以採用模稜兩可的回答方法，既不冷落對方，又不使自己為難。

當下屬問我們「你的收入是多少」時，我們可以回答「大家差不多吧」。其他一些話，可以說「如果你感興趣，待以後我慢慢地告訴你」「謝謝你關心，都挺好的」「你聽誰說的啊，根本不是這樣的」「這些事，還沒定呢」。

5. 用模糊語言來還擊對方

若是碰上有意刁難自己的人，我們也可以來個模糊回答法，把對方問的問題再拋給對方，省得繼續跟他糾纏。

案例：

小軍在公司裡是個喜歡看他人笑話的人，他總是幸災樂禍喜歡看人出醜。有一天，他的主管郭某因為失誤被主管批評了。小軍得知後，就假惺惺地問郭某：「聽說你最近有些不順利的事，怎麼啦？」郭某一見他那樣子，不禁有些氣憤，但他平靜下來說：「你知道什麼啦？既然已經知道，那你還有什麼好說的？」

郭某的回答，就是把問題順勢拋給了小軍，既然他已知道了，那就讓他回答好了。

■ 16.6　確認對方意見溝通法

溝通作為一個交流過程，包含著訊息的傳遞與理解。理想化的溝通是溝通發起者的想法或思想傳遞給溝通對象，溝通對象完全理解並接受。但實際上，日常生活中永遠達不到這種理想化的溝通狀態，人們接收的每一個訊息都是被溝通媒介折射和傳遞者過濾過的，被接收者是打折理解接收的。

漏斗理論在溝通研究界早已引起人們的關注，其主要觀點是：假定溝通內容理想的狀態是 100%，透過口頭準確表達出來的往往只有 80%，而進入溝通對象耳朵裡的訊息只有 60%，考慮到溝通對象綜合的接收能力，一般被他聽懂的訊息只剩下 40%，最終落實溝通訊息的分量僅僅為 20%，為了減少溝通訊息在溝通過程中被選擇和過濾，特別是避免產生誤解，溝通雙方當場的交流確認顯得尤為重要。關鍵點是用你自己的語言重述別人的觀點，對訊息進行交叉檢視。

溝通過程中，客觀上存在干擾溝通訊息傳達的噪音，比如聲音嘈雜等。另外一種是心理因素影響溝通效果，比如防衛、害怕、緊張、沮喪心理及溝通對象不願意也無法準確理解接收

溝通訊息。當場的確認與重申，有助於溝通雙方克服干擾，確認溝通訊息的本質，從而提升溝通效果。

■ 16.7　增加鋪陳溝通法

人們在溝通過程中通常你來我往，尤其是經常出現問答式溝通，對有些問題直來直去的回答是簡潔明瞭。對另外一些問題，尤其是一些嚴肅的問答，容易使問答的雙方顯得關係緊張。溝通高手在面臨這些情況時，會採用增加鋪陳的做法予以緩衝，也為自己思考如何回答拓展了時間和空間。常見的鋪陳一般有三種。

第一種是讚揚問問題的人，簡單說就是誇他的問題問得好。當你肯定他的問題，肯定他是有獨特思考的時候，他就會給你更多訊息，而不是立刻進入你問我答的環節。如果只是簡單地直接回答問題，一旦你的回答不符合對方的期待，關係就有可能僵化。在回答問題前，先對對方的問題給予肯定和讚許，讚許的結果是贏得對方好感，降低提問的挑戰性。加鋪墊還有一個好處，那就是表示你永遠在提問者之上，可以超越提問者。

第二種是說明他的問題有代表性。你可以說，你這個問題很多人都問過，或者某人也關心過，是很多人都關心的問題，

具有代表性。

　　這樣回答以後，對方會覺得他問的這個問題還是挺好的，已經讓他感受到你對他的讚揚了，讓他覺得自己的問題是有價值的，他後面問題的挑釁性就會下降。

　　第三種是展示自己的處境：哎呀，你這個問題可把我問倒了，讓我試試看。這樣的習慣並不容易養成，但是一旦學會這個技巧，在與人溝通的過程中就會更加潤滑通暢和自然。

　　在回答問題前展示自己的處境，然後再嘗試著回答，從而贏得對方的好感，並降低對方對答案的質疑。就是讓自己超越回答的平均水準，先去評價對方的問題。這比那種直接回答要強得多，直接回答的話，他會覺得你在誇誇其談，加一個鋪陳，就會讓你在溝通中不知不覺處在優勢地位。

16.8　適度沉默溝通法

　　人們在溝通交流的過程中，停頓會阻礙溝通，但有時候有意識地短暫停頓，反而會引起對方關注，提升溝通效果。

　　在溝通過程中，如果忽然停頓，沉默幾秒鐘，可能會激發對方的關注。尤其是在大型活動中，當參與者並不是認真在聽，有經驗的主講人此時會乾脆地停下來，於是大家就都安靜了，都在看發生什麼事了。

　　善用沉默，也就是安靜地傾聽，可以鼓勵對方繼續說下去，甚至鼓勵對方把本來不願表達的感覺和態度表達出來。在進行批評溝通時，批評者適當的沉默可以造成「此時無聲勝有聲」的作用。面對被批評對象情緒的波動，批評者不要一直喋喋不休、得理不饒人，讓批評的斥責聲充滿整個空間。保持一段時間的沉默，讓對方有時間冷靜想想自己的所作所為，冷靜下情緒，也讓他感受到批評者「點到為止」的寬廣胸懷，從而提升批評溝通的效果。

後記

歷時半年多時間寫成的這本書終於交稿了，心裡既如釋重負，亦誠惶誠恐。回首從立意寫書到書稿交付的歷程，我心中充滿感激之情，在此專門予以致謝。

致謝親愛的讀者朋友，每個人的時間都非常寶貴，感謝你一直讀到這一頁，本書是本人多年學習心得及工作體會，但願你有所收益，也歡迎提出寶貴意見。

永懷感恩之心，努力回報社會。

是為後記。

電子書購買

爽讀 APP

國家圖書館出版品預行編目資料

精準表達，智慧傾聽：PREP 溝通法 × 取得認同價值 × 情緒控制能力 × 團隊交流模型，全方位提升團隊溝通效能！ / 陳亞明 著 . -- 第一版 . -- 臺北市：崧燁文化事業有限公司，2024.07
面；　公分
POD 版
ISBN 978-626-394-481-7(平裝)
1.CST: 傳播心理學 2.CST: 職場成功法
177.1　　　113009152

精準表達，智慧傾聽：PREP 溝通法 × 取得認同價值 × 情緒控制能力 × 團隊交流模型，全方位提升團隊溝通效能！

臉書

作　　　者：陳亞明
責任編輯：高惠娟
發 行 人：黃振庭
出 版 者：崧燁文化事業有限公司
發 行 者：崧燁文化事業有限公司
E - m a i l：sonbookservice@gmail.com
粉 絲 頁：https://www.facebook.com/sonbookss/
網　　　址：https://sonbook.net/
地　　　址：台北市中正區重慶南路一段 61 號 8 樓
8F., No.61, Sec. 1, Chongqing S. Rd., Zhongzheng Dist., Taipei City 100, Taiwan
電　　　話：(02) 2370-3310　　傳　　　真：(02) 2388-1990
印　　　刷：京峯數位服務有限公司
律師顧問：廣華律師事務所 張珮琦律師

定　　　價：330 元
發行日期：2024 年 07 月第一版
◎本書以 POD 印製
Design Assets from Freepik.com